慶，百位名人聯名同賀

，許下「出版更多好書」的願望！

卜大中（蘋果日報總主筆）
丁予嘉（富邦金控首席經濟學家）
丁學文（中星資本董事）
王文華（作家）
王承惠（中華民國圖書發行協進會理事長）
王子云（台灣雅芳公司總經理）
王桂良（安法診所院長）
尹乃菁（節目主持人）
方蘭生（文化大學大眾傳播系教授）
平　雲（皇冠文化集團副社長）
江岷欽（台北大學公行系教授）
朱雲鵬（中央大學經濟系教授兼台灣中心主任暨作家）
何飛鵬（城邦出版集團首席執行長）
何　戎（節目主持人）
李家同（暨南大學資訊工程系教授）
李慶安（立法委員）
李永然（永然法律律師事務所律師）
汪用和（年代午報主播）
辛廣偉（中國出版研究所副所長）
周守訓（立法委員）
周行一（政治大學商管學院院長）
周正剛（金石堂圖書股份有限公司董事長）
周　璜（星空傳媒集團台灣分公司總經理）
范致豪（明志科技大學環境安全衛生室主任）
吳嘉璘（資訊傳真董事長）
柯志恩（作家）
林奇芬（smart智富月刊社長）
金玉梅（天下雜誌出版總編輯）
侯文詠（作家）
郎祖筠（春禾劇團團長）
馬英九（台北市長）
連勝文（國民黨中常委）
莫昭平（時報出版公司總經理）
郝譽翔（作家）
袁瓊瓊（作家）
郝明義（大塊文化出版股份有限公司董事長）
郝廣才（格林文化發行人）
夏韻芬（作家）
孫正華（時尚工作者）
秦綾謙（年代新聞主播）
張五岳（淡江大學中國大陸研究所教授）
張天立（博客來網路書店總經理）
張啓楷（節目主持人）
郭台強（中華民國工商建設研究會理事長）
郭重興（共和國文化社長）
郭昕洮（環宇電台台長）
葉怡蘭（美食生活作家）
崔慈芬（中國傳媒大學教授）
康文炳（30雜誌總編輯）
許勝雄（金寶電子工業股份有限公司董事長）
陳海茵（中天新聞主播）
陳孝萱（節目主持人）
陳　浩（中天電視台執行副總）
陳鳳馨（節目主持人）
陳樂融（節目主持人）
彭懷真（東海大學社會工作系副教授）
傅　娟（節目主持人）
董智森（節目主持人）
詹宏志（PC home Online網路家庭董事長）
楊仁烽（城邦出版控股集團營運長）
楊　樺（TVBS國際新聞中心主任）
詹仁雄（節目製作人）
賈永婕（藝人）
溫筱鴻（嘉裕股份有限公司大中華區總經理）
趙少康（飛碟電台董事長）
廖筱君（年代晚間新聞主播）
劉必榮（東吳大學政治系教授）
劉柏園（遊戲橘子總經理）
劉　謙（作家）
劉陳傳（住邦房屋總經理）
蔡惠子（勝達法律事務所律師）
蔡雪泥（功文文教機構總裁）
蔡詩萍（節目主持人）
賴士葆（立法委員）
盧郁佳（作家）
蕭碧華（聯傑財物顧問股份有限公司暨作家）
謝金河（今周刊社長）
謝瑞真（北京同仁堂台灣旗艦店總經理）
謝國樑（立法委員）
簡志宇（無名小站創辦人兼總經理）
聶　雲（節目主持人）
蘇拾平（城邦出版集團顧問）
蘭　萱（節目主持人）

——**近百位名人同慶賀！**（依姓氏筆劃排序）

高寶書版 *35*週年慶 百位名人同祝賀

風雨名山，金匱石室；深耕文化，再創新猷。 ——台北市長 馬英九

高寶書版，熱情創新，領航文化。 ——中國國民黨中常委 連勝文

高來高去，想像無限，寶裡寶氣，趣味無窮。 ——飛碟電台董事長 趙少康

圓滿的人生旅途中，最好有好書相伴，高寶給大家創意與力量！
——今周刊社長 謝金河

受人性的溫暖，照耀的出版公司。 ——蘋果日報總主筆 卜大中

高寶35歲了。我相信她會永續經營，所以這不算是上半場，只算是第一章。我祝福她，也進入一個新階段。用更多的好書，讓所有的讀者活得更快樂。
——作家 王文華

以華人的角度，國際的視野去感知世界。
——中國出版研究所副所長 辛廣偉

就像一個青壯人士，35歲的高寶將可在優異的基礎上更上層樓，為中文出版界們貢獻。 ——政治大學商管學院院長 周行一

從修身到齊家、感性到理性、兩性到兩岸-高寶書版集團既是良師也是益友！ ——淡江大學中國大陸研究所教授 張五岳

知識乃發展永續的源頭，而高寶三十五年來透過讓讀者讀好書，成功賦予了社會豐沛的成長動能。請繼續努力！
——中華民國工商建設研究會理事長 郭台強

未來有更多個三十五年，往高業績、高品質、高效率邁進。
——中央大學經濟系教授兼台灣中心主任暨作家 朱雲鵬

從高寶，我學到許多出版經營的方法，十分感謝！
——城邦出版集團首席執行長 何飛鵬

堅持出好書，成為受尊敬的出版社。——城邦出版控股集團營運長 楊仁烽

35歲，芳華正茂，祝希代更猛！更勇！ ——時報出版公司總經理 莫昭平祝

高寶集團發展開闊。 ——大塊文化出版股份有限公司董事長 郝明義

耐心、用心、恆心，寶書豐盈。 ——smart智富月刊社長 林奇芬

恭喜35歲的高寶,比新生兒還有生命力與創造力。
——天下雜誌出版總編輯 金玉梅

高居排行，讀者之寶。 ——中華民國圖書發行協進會理事長 王承惠

祝高寶書版集團，博學的客人都來，與「博客來」共同順應時代巨輪大步邁進。 ——博客來網路書店總經理 張天立

恭祝高寶集團，持續出版優質書籍。 ——金石堂圖書股份有限公司 周正剛

高品質的書，永遠是我們心中的至寶。 ——作家 侯文詠

願高寶為台灣帶來更多的文化創意，思考與心靈的活力。 ——作家 郝譽翔

期待穩健成長，更上一層樓。 ——聯傑財物顧問股份有限公司暨作家 蕭碧華

不是好書高寶不出。 ——作家 劉謙

翰墨圖書，皆成鳳采，往來談笑，盡是鴻儒；祝福高寶歡欣迎接下個三十五年！
——作家 夏韻芬

謝謝高寶書版的用心，讓好書成為我們的精神糧食。 ——立法委員 李慶安

書語紛飛，潤澤心靈；閱讀悅讀，擁抱活泉。
——永然法律律師事務所律師 李永然

希望知識代代積累。 ——星空傳媒集團台灣分公司總經理 周璜

出版柱石，蜚聲高寶。 ——環宇電台台長 郭昕洮

年代好書，盡在高寶。 ——中天新聞主播 陳海茵

閱讀就像陽光、空氣、水，是活著的基本要素，高寶書版集團帶給我們生活的樂趣，美好的閱讀經驗！ ——節目主持人 尹乃菁

好讀書，讀好書是我單身生活的一大樂趣。「高寶書版集團」辛苦耕耘35年，灌溉出繁花似錦，結了我生活的好風景。 ——節目主持人 蘭萱

暢銷書作家 何權峰◎著

命運發牌 機會出牌

高寶書版集團

生活勵志 028

命運發牌，機會出牌

作　　者	何權峰
總 編 輯	林秀禎
編　　輯	尉遲佩文
出 版 者	英屬維京群島商高寶國際有限公司台灣分公司 Global Group Holdings, Ltd.
聯絡地址	台北市內湖區洲子街88號3樓
網　　址	gobooks.com.tw
E-mail	readers@gobooks.com.tw（讀者服務部） pr@gobooks.com.tw（公關諮詢部）
電　　話	(02) 2799-2788
電　　傳	出版部(02) 2799-0909　行銷部(02) 2799-3088
郵政劃撥	19394552
戶　　名	英屬維京群島商高寶國際有限公司台灣分公司
登 記 證	局版北市業字第1172號
初版日期	2000年10月
發　　行	高寶書版集團發行/Printed in Taiwan

凡本著作任何圖片、文字及其他內容，未經本公司同意授權者，均不得擅自重製、仿製或以其他方法加以侵害，如一經查獲，必定追究到底，絕不寬貸。

版權所有　翻印必究

國家圖書館出版品預行編目資料

命運發牌，機會出牌 / 何權峰著．　初版．
臺北市 ; 高寶國際，2006[民95]
面；公分．　（生活勵志 ; HL28）
ISBN 978-986-185-004-7（平裝）

自我實現（心理學）2. 成功法

177.2　　　　95019937

up and down

命運即機會，你的命運就是你的機會。

——何權峰

Contents

〈作者序〉

不是厄運，而是要轉運了

遇到不好的事人們總習慣說那是命運；遇到好事就說是幸運、是好運。所以到處都有人想改命或改運，好像命運注定就不是好的。命運果真都是壞的？

當然不是。那是一直以來人們的誤解。事實上，正好相反，命運其實都是好的，即使你覺得自己運不順、命不好，但命運對你來說仍是好的。

怎麼說呢？比方，有一塊石頭橫在馬路上，如果你不了解的話，它對你來說就是一個阻礙，就是不好的；但是如果你懂得利用它，它就會成為你的階梯，就是好的。

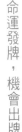

命運的道理也是一樣，如果你不了解的話，那麼所有的遭遇對你來說將是一個阻力；但是如果你懂得利用它，它就會成為你的助力。

要將命運變成一個機會或是阻礙，那完全依你而定。有一塊石頭在那裡，擋住你的去路，你可以把它當成一個絆腳石，但是你也可以把它當成一個墊腳石，然後他就變成讓你往上更高一步的踏板。

說一則故事：

有一頭驢子不小心掉進了枯井裏，它哀叫著，期待主人救牠出來。

驢子的主人把附近的人都請了過來，大家出謀策劃，有的說給驢子身上綁根繩子，然後大家用木棍把驢子抬出來，但這個提議很快被否決了，因為井太深，到哪裡去找那麼高的支架呢？又有人提議在井邊裝一個滑輪，讓另外的驢子把牠拉上來，但是這個提議也沒有通過，沒有人願意讓自己的驢子來費這個力。

驢子的主人在井邊絕望地看了看自己的驢子，心裡想到：「與其讓牠在這裡餓死，還不如就把牠安葬在這個枯井裏。」於是他動員所有的人，用鐵鍬往井裏扔土。

驢子不斷地嚎叫，牠知道自己沒救了。當一鍬鍬的土從井口挖進來，驢子突然想到一個好辦法：每當有土落在自己身上的時候，祂就抖落背上的土，把土踩在腳下，扔下來的土越多，自己就墊得越來越高了。

最後，驢子終於從枯井裏走出來。

這驢子所遭遇的一切，就是我們所謂的命運—看似厄運，其實是好運；看似危機，其實是轉機。

所以當有人問我：「你對命運的看法為何？」我的回答很簡單：「命運即機會，你的命運就是你的機會。」災難是機會、失敗是機會、苦痛是機會、困難是機會、逆境是機會、危險也是機會……即使被「命運安排」要活埋在枯井裏，那仍然是機會。

任何可能都是機會，放棄可能即成了命運。生命的意義就在於如何利用降臨在我們身上的機會，這才是命運的原意和真義。

命運的最大效用，即是讓人利用它來超越命運。人一直活在水平線，生命是水平的移動。超越是垂直的，它就像一顆樹，如果你想往上升，根就必須進入得更深；就像尼采說的：「如果一個人想要到達天堂的高處，他必須碰觸到地獄的最深處。」如此，你不再是水平移動，你變成是垂直地移動。如果你願意承擔命運的種種考驗，那你也就超越了命運。

許多人原本可以超越命運，卻不這麼做，那就是人們無知的地方。你可以提升，卻沒有提升，反而因抱怨自憐而沉淪；命運原本是一個機會，但你卻不懂得利用它，反而想改名、改運、改風水，來逃避那個機會，想想，這不是很蠢嗎？

命運就像階梯一樣，你可以透過它達到另一個層次，但如果你執著於階梯，甚至把階梯拿掉，你又如何更上一層樓？

記住這句話，「命運不是命運，命運是機會；是給生命一次改變的機會。」所以我們要改變的不是命運，而是經由命運進而讓自己改變。那就是為什麼我說，命運都是好的，即使你覺得很糟，但命運的安排仍是「為了你好」。

你覺得自己命運坎坷，或是正陷入厄運當中嗎？相信我，那不是什麼厄運，而是你要轉運了。

〈前言〉

命運天注定？

人的命運是注定的嗎？

人的命運既是注定的，也不是注定的！

說命運是注定，是因為人的環境、條件、境遇、機運……等等，不可抗拒的必然，在冥冥之中似乎早已安排好。

說命運不是注定，那是因為即使有一條為你安排好的道路，但你卻可以走出自己的路。

命運就好像地心引力，地心引力限制人只能行走在地面，這是我們必須接受的，地面對我們的「束縛」就是命運，然而地面也可以成為我們爬向更高或跳往自由的跳板。

人是自由的，但他不能自由地飄浮在空中，他總是被一大堆限制所環繞，然而，這些限制就是朝向自由的跳板。自由是以限制為前提。所以人既不是完全被束縛，也不是完全自由的；就像我們走路的時候，可以自由抬起一隻腳，但另一隻腳永遠都被綁住。

我聽說，有一次有人問哲人哈日拉特阿里：「人是自由的，或是被束縛的？」

阿里說：「抬起你的一隻腳。」

那個人可以自由抬起右腳或左腳。他抬起他的左腳，然後阿里說：「現在抬起另外一隻腳。」

那個人一臉疑惑說：「這怎麼可能？我沒有辦法抬起另外一隻腳。」

阿里問：「為什麼？」

那個人回答：「我一次只能抬一隻腳。」

阿里說：「沒錯，你一直都有兩隻腳，但是你一次只能抬起一隻腳，其中一隻腳永遠都被綁住。」

一隻腳是自由的，另一隻腳卻被綁住。命運就是這樣，你既是自由，又是被束縛。你可以藉著那隻可以自由移動的腳來幫助另一隻被束縛的腳得到自由，但是你也可能受到那隻被限制的腳所影響而讓那隻可以自由移動的腳也束縛了。

要跨出腳步，或是陷在那裡，全看你自己。

過去許多人認為命運並沒有自由，人從出生起生命的腳本已經寫好。他們認為你所看到的一切並不是你在做，而是大自然的力量或是神在做，而你只能按照腳本演出。

決定論與宿命論者的觀點即是如此，全體人類成了奴隸，過著悲慘的生活，因為這種觀點，人們相信自己不可能有關鍵性的改變，認為自己無論做什麼都不可能轉變命運，於是人開始自艾自憐、自暴自棄……，因為這都是「命」，你能怎麼辦？

還有些人則會用「宿業因果」來解釋命運，這些其實都是不正確的。就拿佛教的觀點來說吧！人們常誤解「宿業因果」，將「過去」當因，視「現在」為無可改變的果，那是宿命，不是佛法。佛教講因緣果報。而緣有主動、被動之分。例如：有個人生了重病，而承受這疾病所帶來的苦，就是被動的緣。反之，有人雖病痛纏身，還努力幫助其他病痛的人，則是主動的緣。

佛法教人接受現在（命運），因為所發生的事是過去行為（業障）的結果，但未來完全要看你自己，你仍是自由的。換言之，人要主動改變命運，而不是被動成為命運的奴隸。

我說過了，人的命運有「定」與「不定」的部份。而我們要努力改變的，就是那「不定」的部分。

那「不定」的部份既是禍因，也是祝福，既可以讓人提升，也可以讓人沉淪。是前進的機會，也是後退的機會。雖然我們走每一步都受到地心引力所限制，但你仍然可以選擇自己要爬向山峰，或是落入山谷；你可以選擇走向黑暗，也可以走向光明。而當你走向光明，甚至把光亮帶入黑暗，如此你也就超越命運，你也改變了那個「定」的部分。

命運發給你牌，至於怎麼出牌則是你的自由意志。是的，重要的不是握有一手好牌，而是如何把爛牌打好，這就是本書想傳達給大家的。

1 從烏雲中找出一絲陽光

命代表命運，也代表使命。

命運雖無法掌握，但使命卻可因成全命運而完成。

當自我的完成你便超越命運。

想超越命運，人有兩種選擇：一種是選擇去塑造命運，並因此而實現「創造的價值」，而另一種則是採取正面態度接受命運，並因此而實現「態度的價值」。說的更明白一點，當命運有改變的可能，要去塑造新的機運，當不可能改變的時候，則是去接受它。接受雖不是一種積極的方式，但正面的態度卻是一種積極生命價值的呈現。

我以一個實際例子來說明，有位工程師因為一場意外造成四肢癱瘓，因而被迫躺在醫院的病床上。軀體的麻痺妨害了他的工作能力，所以以他目前的狀況來看，他將很難有機會去實現創造的價值。

但即使在這種狀態下，態度價值的大門仍然是向他敞開的。他在醫院中懇切地與其他病人交談，帶給他們愉悅，鼓勵並安慰他們；他努力安排自己的生活，熱衷助人，帶著微笑面對苦難，這即是實現了態度價值。

當然，態度價值的實現，它的前題必須是個體所面對的命運是不可避免的情況。人在對抗命運的挑戰不要過早豎起白旗，不可太快就放棄任何改變的可能。只有當你確定沒有任何機會可以改變命運，只有當你確知沒有任何實現創造價值的可能性時，只有在這種情況下，才是實現態度價值的時機，這點必須記住。如果還有機會，就應該儘可能的去改變，去創造價值，因為命運不該只是宿命的認命，它同時也是一項使命，使命就是要成全命運的安排，從而創造更大的可能。

「生命鬥士」的故事

在榮獲「熱愛生命獎章」的事蹟裡，有許多感人的故事，深具啟發，在這我想和大家一起來分享：

出生於台北的陳芯瑤，她出生九個月大時，即罹患視網膜母細胞惡性腫瘤，歷經八次大小手術、腰椎穿刺十六次、二十五次鈷六十放射線治療、三十六次化學治療，最後開刀摘除左眼，住院治療長達五年，幾乎以醫院為家，身心備受煎熬。

在這一段與死神搏鬥的歲月，她透過繪畫創作，找到生命出口，雖然沒有左眼，她仍畫出對生命的熱愛，畫出對生命的希望。她也把自己對生命的熱愛，轉化成助人的具體行動，常常藉著畫作參與公益活動，還將長期節省的零用錢，捐給同病相憐的癌童，多年來不曾中斷，彼此鼓勵樂觀面對癌魔，展現旺盛的生命力，還利用各種節慶關懷癌童，她身體力行，一路走來，始終如一。

芯瑤的家中擺滿了美術競賽的獎盃、獎狀，還有各公益團體致贈的感謝狀。國中時贏得全國學生美術西畫組第二名，也榮獲全國學生美展平面設計類優等獎，更多次奪下中華民國兒癌基金會美術比賽第一名。

她說：「只要你相信，付出勇氣，就會實現；而不是希望實現，才開始相信。」

命運法則：

只要你相信，付出勇氣，就會實現；而不是希望實現，才開始相信。

同樣出生於台北的郭哲維，則是自滿週歲起就罹患肌肉萎縮症中最嚴重的「裘馨式肌肉萎縮症」，從此與輪椅為伍，面對這個無法活過二十歲的晴天霹靂，並沒有打敗他的求生意志，一連串生死拔河的歷練卻讓他愈挫愈勇。

他決定改變黑白人生，要從烏雲中找出一絲的陽光，他要活出樂觀進取，積極地使他的人生變成彩色的。

哲維先後以第一名畢業於台北市福德國小、興雅國中，隨即以最優異的成績推甄上台北市松山高中就讀。課餘，擔任台北市勵殘福利促進協會志工，除以笛子自娛娛人，並耐心教導同樣是身心障礙者。

二〇〇一年八月四日榮獲愛馨基金會的獎學金，隨即以無名氏名義捐助桃芝颱風的受災戶，本件為善不欲人知的故事，經媒體披露，感動了松山高中全體師生，大家一起響應相關慈善愛心活動。

裘馨氏肌肉萎縮症的痊癒率極差，依目前國內外醫療紀錄，極少活過二十歲，哲維在自知生命有限的狀況下，選擇坦然面對，他斷然拒絕接受病魔的指使，勇敢的接受劇痛的復健，更難能可貴的是：哲維珍惜分分秒秒的時間，隨著父母參加勵殘協會系列公益活動，利用課餘，擔任志工，教導身心障礙小朋友笛子、草編以及心靈分享；更以身作則，鼓勵身心障礙的朋友不要畏縮，不可自憐，要從容接受，積極面對。這即是實現態度價值的典範。

只要還有呼吸，生命就有希望

我想起幾年前在電視上看到一場感人的演講，演講者朱仲祥先生也是「裘馨式肌肉萎縮症」的患者，他受邀中山大學校慶演說，講題是：珍惜生命、擁抱希望，有愛就有奇蹟。他趴著演說生命的熱愛，聽著無不動容。

朱仲祥說，他曾經是正常的孩子，但五歲時父母離異，六歲時即罹患肌肉萎縮症，進入振興復健中心治療。當時，爸爸每星期都會帶他出去玩，直到有一天，父親穿得十分整齊，跟平常很不一樣，還請他吃冰淇淋。爸爸親切地告訴他，「你是爸爸的兒子，千萬不要忘記爸爸的樣子，爸爸是世界上最愛你的人」，「你一定要要求婆婆、叔叔帶你上學，要能看書、寫字」。爸爸並且和他約好，下次要帶他到故宮玩，但他等了三星期，仍沒有等到爸爸，只好去問阿姨，阿姨告訴他，你爸爸昨天火葬了。爸爸血癌過世那年，他才八歲。

復健中心聯絡母親以及所有親戚，沒有人願意收養他，爾後朱仲祥在孤兒院長大，他在那裡從注音符號學起，看讀者文摘、基度山恩仇記，很多人到孤兒院看孩子，問他要不要糖果餅乾，他都請叔叔、阿姨給他鉛筆和書。朱仲祥提高聲調說：

「這就是良性循環，他學會在四周糞尿的環境中看書」。

即使身體不便，不僅洗澡、如廁、睡覺、翻身都必須靠人協助，也因為肌肉萎縮已壓迫心肺，睡覺時要用呼吸器幫助呼吸，甚至隨時有可能一覺不醒。但是他並沒有被打倒，他說：「態度決定我們的高度，只要我還在呼吸，生命就有希望。」

看著他，真是讓人既感動又感慨。上天沒有給他完整身軀，但他卻完整展現了生命價值，帶給大家光與愛。

二〇〇一年，他離開人世，但他的故事，仍繼續鼓舞世人，遺愛人間。哪怕自己是一絲微弱的燭光，也能發揮影響力，照亮發光給周邊需要的人。

人因受苦而成就自己

所以，只要一個人還存有意識，就有義務去實現價值，即使所剩的只有態度價值。

英國男童軍社每年都會對那一年中有最高成就的童子軍頒以最高榮譽的十字勳章。結果有一年，這個令人羨慕的勳章決定頒給罹患不治之症，而仍然躺在醫院的三個孩子，因為他們儘管受到病魔的催殘，但仍然保持愉快的心境，勇敢地面對病痛。他們這種承受苦頭的經歷被評審人員認為比其他童子軍在競賽上的一些破紀錄的表現，更是一項崇高的成就。

命運法則：

接受苦難或許不代表什麼成就，但人卻因受苦而能成就自己。

接受苦難或許不代表什麼成就，但人卻因受苦而能成就自己，那些殘而不廢的人，他們活下來並非要成就什麼，而只是「活著」的勇氣，即是一種自我完成，即是態度價值的實現。

實現態度價值的機會始終都存在，直到個體生命結束的最後一刻。也就是說，你面對命運的態度，在苦難中所表現出的勇氣，以及面對不幸或死亡所表現出的態度，都將作為印證態度的價值標準。

接下來，想跟大家再分享一則「輪椅名醫」陳建民的故事，他是本屆「全球熱愛生命獎章」的得主。讓我們一起來聽聽他是怎樣從一個被幼稚園「開除」的學生，最後以榮獲全額獎學金完成美國哈佛大學腦神經學博士學位；看看他又是如何從一個無法行動的小兒麻痺症患者，竟能橫跨七大洲，完成七項超級馬拉松的金氏紀錄。（以下摘自周大觀基金會）

邁出艱辛的第一步

陳建民（Dr. William Tan），出生於新加坡，他兩歲那年發高燒，原以為是普通感冒，送院後才發現是罹患小兒痲痺症，但已救治不及，造成終身殘疾。

由於買不起枴杖和輪椅，陳建民有很長一段時間只能用爬代步，低劣的衛生條件，使他感染一身的皮膚病還有其他各種疾病。

醫生建議把他送去紅十字會之家，但爸爸和媽媽卻覺得不管多苦都要把孩子帶在身邊。到了適學年齡，他們四處奔走爭取讓他進入正規學校，而不是殘疾兒童學校。「我母親認為我除了腳不能走，能力不比別的孩子差，所以堅持要我像正常人一樣上學。她相信，只有教育可以改變我的一生，讓我自立自強」。

好不容易申請到一家幼稚園，陳建民的不良於行卻成為同學作弄的對象。他們叫他難聽的名字，腦袋經常挨打。建民非常憤怒，但他沒哭，而是強忍眼淚，一把捉住打他的人的胳臂，狠狠咬一口。他說：「你看，從小我就個性倔強，懂得怎麼克服困難，雖然咬人是不對的，為此我付出『慘重』代價」。

陳建民被勒令退學，他哈哈大笑說：「你聽過才進幼稚園就被開除的人沒有，我就是，很好笑吧？」

輟學在家一年後父母替他報名上小學，同樣碰了很多釘子，最後才在實里基小學給他找到一個名額。那是新加坡最高的小學，樓高七層，還好有電梯。每天，陳建民由姊姊和媽媽輪流背著上學、放學。

有感父母為他爭取入學的辛苦，建民不敢再逞強，而是發憤讀書。學期結束，他成績全年級第一，由姊姊背著上台領獎，獎品是一本故事書《龜兔賽跑》。

建民漸漸長大，背著他來回跑越來越吃力，一直挺直腰桿生活的父母放下尊嚴，到福利部申請救援，給建民申請木枴杖和支撐雙腳的支架。就這樣，十歲的建民開始邁出他艱辛的第一步。

他力爭上游，小學畢業，一步一步往上爬，又以高分考進萊佛士書院，成績一直名列前矛，一路靠教育部和義安會館的獎學金，以及家教賺來的錢念完大學。畢業那天，陳建民的媽媽和姊姊都哭了，那是無比驕傲和欣慰的眼淚。

教授向他祝賀，並向他致歉

畢業後不久，陳建民說服母親讓他出國深造，終於如願考取哈佛大學腦神經博士學位，他說：「小時候我病得很重，一直得到醫護人員細心照顧，從那時起，我就決定要當醫生」。

開學第一天，教授見到建民，覺得他是在浪費時間，也在糟蹋學位。「我沒有因此而沮喪，教授把輪椅看得比我大，卻沒有看到坐在輪椅上的我，無法走路對我來說從來不是障礙，我相信有志者事竟成」。

醫學院畢業那天，陳醫師的教授向他祝賀，並向他致歉。

陳建民說：「從小我就知道自己與眾不同，但那只是生理上的侷限，在其他方面我其實跟常人無異。父母一直對我抱有很大的期待，雖然我不良於行，但他們從來不因此而寬待我，在家裡，我一樣要幫忙掃地、洗碗。現在回想起來，他們真是用心良苦」。

飛出籠中的小鳥

陳建民從來不為自己的殘疾感到自卑，但小時候上體育課，看到同學在球場上玩得好高興，他心裡總是若有所思、悶悶不樂。

十七歲那年，他在報上讀到一則新聞，一名因公受傷而殘疾的前警員瓦西德發起推動新加坡第一個輪椅體育會，這讓陳建民好不興奮，他從家裡跑到花拉公園，一瘸一拐的走上跑道去見瓦西德。

瓦西德看著面前充滿熱情的年輕人，朝一輛空輪椅坐了個手勢，對陳建民說：「坐上去，試試看。」

因家貧，陳建民一直買不起輪椅，這是他長這麼大首次有機會坐上輪椅。他吸一口氣慢慢推動輪子，在跑道上轉了一圈又一圈，一種新的節奏在他耳邊響起。「那是我人生另一個轉捩點，第一次，我體驗到什麼叫速度，能夠奔跑原來是這麼美妙的事情」。

之後，陳建民沒再回頭。在瓦西德指導下，他定期接受各種刻苦訓練，當上殘疾運動員。一九八〇年，他是第一個在輪椅上完成四十二公里馬拉松的運動員。接下來，是一連串挑戰，包括亞洲太平洋運動會、英聯邦運動會。他一次又一次得獎。

「我要不停的洗鍊自己，證明人的潛能，永不放棄是我堅持不懈的信念。以前我一天只能做五十下伏地挺身，現在我能做四百五十下，將來我可能作六百下，一切其實掌握在你有沒有這種意志力。」

一九八七年開始，陳建民充分利用他的運動才能，為慈善獻力。那次以後，陳建民接到許多類似的邀請，至今，他已為多個慈善機構募得逾一千四百萬美元善款。

他說：「我的身體雖然被束縛在輪椅上，但我的精神超越輪椅，我是飛出籠中的小鳥」。

所以你看，即使生理機能障礙，這不必然就決定一個人的命運；反而，他的疾病正好給他一個可自由去塑造命運的起點。

命運法則：

即使生理障礙，這不必然就決定一個人的命運；反而，他的疾病正好給他一個可自由去塑造命運的起點。

去（二〇〇五）年，為了慈善募款，陳醫師還特地請了一年無薪假期，全力備戰。他以七十天時間在歐洲、亞洲、澳洲、非洲、美洲、南極洲、北極洲等七大洲，完成十項超級馬拉松賽程，過程之艱辛，超乎外人想像，特別在南極的時候，地勢險峻、冰天雪地，跑起來不容易，更何況是坐在輪椅。

陳建民說，「有好幾次他想放棄，但想到只要他能挺過去，就有一名癌症病患可以得到幫助，這給了他很大的力量。」

在這七十天裡，陳建民經歷千辛萬苦，打破了四肢健全的英國人提姆羅傑斯

（Tirm Rodgers），在一九九九年創下的九十九天內在七大洲，完成七項超級馬拉松的金氏紀錄。

樂觀的人，永遠有路可走

你跌倒的地方，正是你站起來的地方。

陳醫師的故事印證了「樂觀的人，永遠有路可走」，他讓我們看到生命的可能，也讓我們看到人在層層阻礙的困境下所激發驚人的潛能，而當潛能發揮，當不可能變成可能，態度價值也可以躍升為創造的價值。只要永保一顆積極、進取的心，再大的障礙也無法阻擋你的去路。

我們應該學習那些在困頓中仍努力不懈的人，他們不單承受痛苦，甚至還獲致傑出成就，不單完成態度價值，甚至實現創造的價值。

命既是命運，也是使命。命運雖無法掌握，但使命卻可因成全自我而完成。使命就是要成全命運的安排，當自我使命的完成如此也就超越命運了。

生命的價值，不單是世俗外在的成就，也是內在自我的完成。創造價值主要的目標是在追求外在的成就，而態度的價值所要強調的則是內在的完成。

一個人的內在完成是可以無視於外在的失敗。比方，有個人奮不顧身地進入火場拯救另一個人的性命，是否有人會因為他們兩人都死了，因此就認為這個人是個失敗者?

回想一下歷史，我們可以找到很多偉大的人物，他們曾英勇地奮戰過，雖然是失敗了，但是我們對他們的生命仍然給予很高的評價。即使他們壯烈成仁，但他們的生命絕不是枉然的。

一座山脈的高度並不是憑藉於它的山谷，而是決定於頂峰；同樣的，生命也是由頂峰來決定它的價值，就像朱仲祥那樣，即使短暫的剎那也可以化為永恆，使生命充滿意義。

而陳芯瑤、郭哲維二位，面對如此坎坷的命運，並沒有被打倒，反而藉由生命中的挫折與試煉，不斷地激勵自己和別人積極向上，這種精神即是實現態度價值的最佳典範，也為創造價值提供了可能；而陳建民，則是積極挑戰不可能，以態度價值來實現創造價值。他實現世俗外在的成就，同時也完成內在的自我，這即是生命最高的價值。

2 沒人能奪走的自由

人活在痛苦中，並不是他命定要活在痛苦中，
而是他不了解自己有選擇的自由。
就是這個不了解創造出悲傷和痛苦。
事實上，你永遠有選擇的自由，那是沒有人能奪走的。

人想吃飯與狗沒什麼兩樣，皆出於饑餓的本能，人想睡覺與豬也沒什麼兩樣，也是本能，人尋找巢穴，生育，這些跟動物都沒什麼差異，目的就是為了生存。

人跟動物唯一的差別是除了本能，我們還有一樣東西，就是抉擇的能力，這能

力使人與動物不同。一條狗不能選擇牠的思維，也無法選擇牠的人生態度，牠永遠就只是一條狗，牠不可能變成老虎；一隻豬既沒有理念也沒有能力去選擇理想。就這個層次上看來，所有動物與牠們出生時的狀況沒有兩樣，都在一個水平線，牠們只有老化，卻很難進化，只能變老，卻無法更成熟。

只有人才有機會朝垂直方向成長，而不只是活在水平線上，這是人身為萬物之靈的尊榮，也是獨一無二的自由。

就看你自己怎麼選擇

你可以自由選擇，你可以選擇要向上或向下，選擇積極或消極，選擇承擔還是放棄，選擇面對還是逃避……

還記得幾年前，我的人生遭遇重大挫折，在那段時間，我抱怨環境、厄運、憤世嫉俗。後來，朋友送我《人對意義的找尋》這本書，我才驚覺，原來這一切都是我的選擇。每個人與生俱來就有自由意志，帶給我不幸的並不是環境、厄運，而是我自己錯誤的選擇。這本書幫助我用不同角度來思考我的處境。縱然，我無法選擇哪些事會降臨到我們身上，卻可以選擇處理的方式和面對的態度。

猶太裔心理學家維克多・法蘭克（Victor Frank）的名著《人對意義的找尋》，是一本敘述他在二次大戰期間如何在納粹集中營中，待了三年而僥倖存活的故事。書裡詳細記述在集中營內的痛苦、折磨和非人道行為。他形容如何在冰雪結凍的泥地中行軍，任長了凍瘡的腳趾從破鞋洞中伸出，如何被納粹折磨，用槍托打，如何看親友被拉進瓦斯室和活埋坑中。他經常都必須忍受饑餓，有的時候，他們甚至必須睡在自己的排泄物之上。

這種痛苦的經驗絕非一般人能容忍，於是，他立志要找一樣東西，是納粹無法奪走，而又可以支撐他求生意志的東西。他找到了，那就是他還有選擇自己態度的能力。

佛蘭克說，即使是在一無所有的集中營中，人還有選擇自己生命態度的自由，他把它稱為「人類最後的自由」（the last of the human freedoms）。

後來佛蘭克不僅熬過了集中營與大戰的摧殘，還成為舉世推崇的精神病學家，幫助許多要放棄生命的人重拾求生的意志，他讓這些人看到他們仍然有選擇的機會，並且在這些選擇裡，找到人生的新意義。

命運法則：

你可以選擇自由，也可以選擇不自由，你是完全自由的。而如果你選擇不去選擇，那也是你的自由。

所以，自由和外在的境遇一點關係都沒有，即使你被關在監獄中，你也能夠是自由的。有任何人能阻礙你將悲憤化為力量嗎？有人阻止你將悲苦轉化為喜樂嗎？沒有。就算你手腳被人鍊著關在監獄裡，仍然沒有人能奪走你選擇的自由。

沒有任何人或事可以強迫你不自由，那是你自己的選擇，你可以選擇自由，你也可以選擇不自由，你是完全自由的。而如果你選擇不去選擇，那也是你的自由。

監牢也許限制了你的行動，但它無法限制你思想的自由；你可選擇悲傷，也可以選擇歡笑；你可選擇沮喪，也可以選擇振作，都看你自己。

潛水鐘與蝴蝶

前幾年台灣翻譯過一本暢銷書《潛水鐘與蝴蝶》，作者尚．多明尼克．鮑比（Jean-Dominique Bauby），他是法國《她》（*ELLE*）雜誌總編輯，原本擁有一

切，金錢、成就與愛情，然而正當他年華正盛四十二歲，突然中風臥病在床，全身只剩下一隻眼睛會眨，那是唯一與外界溝通的途徑，整本書就是藉著眨眼的動作，朋友指著字母，「對」就眨眼，這樣一個字母一個字母的拼湊成書。

「潛水鐘」代表了他像植物人一樣被囚禁在自己軀殼裡的狀況，「蝴蝶」則隱喻著他至死不懈的自由想像。他雖心如蝴蝶般嚮往自由，但整個人卻被囚禁在病困當中，就像是罩在潛水鐘裡，而生命的光輝仍然透過一隻眼睛綻放出來。

是的，軀殼可以禁錮生命，但禁錮不了意志。這本書在出版之後已成為法國的暢銷書，翻譯的英文版也轟動英美。

每逢生命遇到困境時，我會隨意翻閱其中一篇，一個字一個字精讀，就如同作者眨動他的左眼皮，一個字一個字寫出這本書。在字裡行間，我看到生命的韌性和勇氣，那些困擾我的困境，也就變得微不足道了。

命運法則：
軀殼可以禁錮生命，但禁錮不了意志。

我想起國立中山大學化學系的李良修教授，他是在一九九一年才被診斷出罹患帕金森病，之後他選擇與帕金森共存活，並把十多年來與帕金森病纏鬥的心路歷程，寫成世界第一本的生命紀錄—《走過帕金森幽谷》。

帕金森氏症是一種神經系統病變，起初肌肉不受控制，身體動作急劇變慢，最後病人的身體僵硬，全身幾乎已石化，寸步難行。然而儘管如此，李教授始終堅信：遇風浪，智者無懼則海闊天空。他已走過流淚的死蔭之谷，到達了生命的活水泉源之地，就此，一切的拂逆又何足掛齒呢？

看到其他的選擇

每天打開報紙電視，看見有那麼多自殺案件，就感到十分痛心，大家應該多去看看這些勇者，去看看他們所遭遇到的艱困，再看看自己所遭遇的，何足以要自殺呢？

心理學家艾克曼在輔導中心擔任熱線義工對厭世者，都會試著提醒他們「看到其他的選擇」，給生命另一個機會。

我有一位病人，他原是一家大公司的老闆，領導和決策能力都很強。後來罹患了帕金森氏症，當病情嚴重到必須仰賴別人照顧時，他覺得再也沒有活下去的意義。家人一再勸他別想太多，但他卻想一了百了。

我告訴他：「如果你想死，誰也無法阻止。但我覺得真正讓你感到困擾的是你失去選擇的能力，你有沒有想過，你可以選擇自殺，你也可以選擇活下去；你可以選擇逃避，也可以選擇面對；你可以選擇當個弱者，也可以選擇當個勇者。」

命運法則：

一定還有「其他的選擇」，給生命另一個機會。因為既然有自殺的勇氣，為什麼沒有活下去的勇氣？

疾病或許可以奪走人的一切，但選擇的自由是沒有人可以奪走。所以，千萬不要以死來解決生的問題。一定還有「其他的選擇」，給生命另一個機會。因為既然有自殺的勇氣，為什麼沒有活下去的勇氣？

「漸凍人」陳宏

「漸凍人」陳宏的故事，我想許多人應該也聽過……在還沒發病前的陳宏，原是一位成功的企業家，在中年事業有成後，喜歡利用工作餘暇到處攝影也常在報章雜誌上發表散文，是個到處行走的專業攝影家，同時也是資深新聞工作者。後來更作育學生無數，任誰也想不到，昔日體型壯碩、活動力極強的他，會得到這種病。

「漸凍人」是少見的「運動神經元疾病」（ALS/MND），病症會致使肌肉漸漸僵硬、萎縮，且慢慢地自四肢惡化到肩膀、頸部及舌頭，最後導致吞嚥困難及呼吸衰竭，由於患者逐漸喪失行動能力，因而又稱為「漸凍人」。

剛被診斷是如此纏身惡疾，陳宏開始時也是非常抗拒。當陳宏還能拄拐杖走路，他跌倒了，不准兒女伸手幫忙。邀約聚會，陳宏能推就推。即使是多年老友打電話想邀他參加聯誼活動，陳宏也吩咐家人，推說「他出門，不知去向。」

住院期間，陳宏更謝絕探訪，整天只能躺在病床上，每當有學生或故舊知交前來探望他，他只有三個字，「你請回！你請回！」然而學生和親友仍不為所動，天天來看他，用行動證明他們對陳宏的支持與關懷，自此陳宏遭軀體禁錮的靈魂，才漸漸走了出來。

從願意見見幾個老朋友、學生，到後來欣然接受陌生記者採訪，上電視、廣播節目。在妻子的協助下，陳宏開始以眨眼寫作，爾後各報刊邀稿不斷，筆耕不輟。

想留下一些鴻爪餘痕

陳宏雖然口不能言，手不能動，腳不能行，但他的心沒有生病，他對創作的熱情未減。妻子劉學慧在病友團體協助下，觀摩了其他病友利用注音符號板溝通的情形。她也拿出一塊寫滿注音符號的小紙板，和先生一起練習。陳宏很快就能把想說的話轉成注音，一字一字眨出來。

漸凍人的記憶及思考能力是不受病魔影響的，陳宏以全身僅能牽動的眼皮，將自己病中的感受及體悟，透過太太以注音符號板一個音、一個音的拼字記錄下。整個過程充滿了艱辛，因為每個注音符號都是這樣推敲、揀選出來的，而陳宏用字又很講究，寫完之後，他還要一修再修，一篇一千字的文章總要寫上兩、三個星期。

在每天大半清醒的時間，陳宏必須由看護和家人為他擦澡、拍痰、按摩、抽痰、管灌餵食，但他利用所剩的零碎時間，以一小時眨不到十句話的緩慢速度，整理百萬字的舊稿編成八本書，並且眨出一篇篇作品，集結成書。

陳宏在書中鮮活記述自己的心情：「只是希望我走了，那些白紙黑字，仍然活著。」因此，陳宏拚了命地努力寫，就像他說的：「想留下一些鴻爪餘痕」。發作至今，在妻子的協助下，他已完成「眨眼之間」、「生命之愛」、「頑石與飛鳥」三本書。可謂毅力驚人。他就像被緊閉在鐘底下的蝴蝶一樣，在絕望中尚有一絲纖細靈敏的心靈，揮舞彩翼在回憶裡馳騁翱翔。

命運法則：

疾病雖能禁錮人的身體，卻無法剝奪一個人的自由。你可以選擇禁錮在「潛水鐘」，或是跳脫出來成為一隻自由飛舞的「蝴蝶」。

疾病雖能禁錮人的身體，卻無法剝奪一個人的自由。陳宏能以自己的生命做教材，指引許多同樣陷落徬徨無助的人，走出生命的幽谷，非常令人感佩！

他讓我們看到人永遠有「其他的選擇」，即使被禁錮在軀殼裡，你仍是自由的，你可以選擇嘗試或放棄，選擇死亡或重生，選擇令人感慨或令人感佩，選擇禁錮在「潛水鐘」或是跳脫出來，成為一隻自由飛舞的「蝴蝶」。

這年頭有太多人在虛擲生命，但生命被囚禁在軀殼裡的陳宏、鮑比、李良修等人卻讓我們見證最珍貴，同時也是最終極的心靈自由。

人活在痛苦中，並不是他命定要活在痛苦中，而是他不了解自己有選擇的自由。就是這個不了解創造出悲傷和痛苦。事實上，你永遠有選擇的自由，那是沒有人能奪走的。

在人生中，你從來不會沒有選擇，從來不會。就算你接受宿命的理論，你選擇放棄選擇的機會，那也是你的選擇。

你與貓、狗、牛、羊的差別即在於，牠們不是出於自由選擇而成為自己的。羊並不是出於自由選擇的結果而成為一頭羊的，羊也無法變成其他動物，但是不管你是什麼樣的人，那都是你的選擇。你可以成為一隻綿羊，也可以變成一頭獅子。

人所擁有的自由既是禍因，也是祝福，你可以藉此提升，也可能因此沉淪；命運只是提供給你機會，它給你墮落到動物之下或是躍升到天使之上的機會，選擇的自由在你。

一旦你明白，你是自由的，所有的可能將就此打開，你將可以決定自己想要成為什麼或不要成為什麼，你將是自己的主人。命運只是提供給你機會，就看你自己了。

3 你想當騎士或是被騎的馬？

我們可以任命運擺佈，被外力牽著走，

也可以拿回主導權，掌握自己的命運。

自由非但不受限於命運，甚至在命運之中更得以彰顯。

過去許多人認為命運天註定，人從出生起生命的腳本已經寫好，人對命運並沒有自由，至於你沒有意識到這件事，那又是另一回事；他們認為你所看到的一切早已安排好，而你只能按照特定的路線走，只是按照腳本演出。

成功與失敗、富裕與貧窮、疾病與健康、幸運與不幸、生與死……一切都操之在一個稱之為「命運」的未知力量手上。他們把一切交給命運，用天意解釋一切，不論有什麼事發生，都可以扯到「那都是命」的結論上。

有些人好運連連，有人卻禍不單行？有人成功發達，有人卻落魄潦倒？有人出生在貧民窟，有人卻含著金湯匙長大……。那不是命，那是什麼？

然而，也就是因為這樣，一旦人們相信「那都是命」，是命運讓你受苦受難，是命運害你落魄潦倒，最後命運果真就「註定」了。你將不可能改變，因為問題不是出在你，你有什麼辦法，對嗎？你一旦「認命」之後，也就放棄了天賦的自由。

一個認命，另一個不認命

曾讀過一則報導，內容是敘述生長在貧窮家裡的兩兄弟，由於長期受到酗酒父親的虐待，最後他們選擇了離開家裡，各自出外奮鬥。

多年之後，他們受邀參與一項針對酗酒家庭的研究，這時的哥哥早已成了一位滴酒不沾的成功商人，而弟弟卻成了一個和父親沒有兩樣的酒鬼，生活窮困潦倒。

主持這項研究的心理學家對他們的際遇相當好奇，忍不住問他們：「為什麼你最後會變成這樣呢？」出乎眾人意料之外的是，兩人的答案竟然一樣：「如果你的父親也像我父親一樣，你還能怎麼辦？」

相同的命運—同樣從酗酒的家庭出來，一個成了滴酒不沾的成功商人，一個卻成了酒鬼。為什麼？

是命嗎？當然不是，原因是一個認命，另一個不認命。

我也讀過一則故事，有一個罪犯因作姦犯科，而被法官判處了死刑。罪犯聽到判決後，大聲喊冤，並氣憤地怒吼：「我不服氣！這太不公平了，我從小是被人遺棄的孤兒，在貧民窟裡長大，老師、同學都瞧不起我，沒有人願意接納我，才逼我走上絕路！」

法官聽了，要罪犯靜下來，抬頭來看看他，然後以平穩的口吻說：「我也是在貧民窟裡長大的。」

為什麼同樣在貧民窟長大，一個成了法官，一個卻成了死囚？因為一個相信命運，而另一個不相信命運。這就是答案。

除非你對命運採取行動，否則命運就會對你採取行動。

> 命運法則：
> 除非你對命運採取行動，否則命運就會對你採取行動。

人當然害怕承擔命運，如果命運是由你作主，那麼所有的責任都落在你肩上，你不能將責任丟給別人和外力，那該怎麼辦？卡夫卡點出了問題：「人們懼怕自由和責任，所以人們寧願藏身在自設的牢籠中。」對於命運，你既不自由，也無力控制，當然，也就無須負任何責任。合情又合理，不是嗎？

自由不受限於命運

人們所謂的命運基本上是否定自由意識的，命運既不在個人力量所及的範圍內，也不在他的責任範圍內，因此也沒有所謂的自由可言。那就是為什麼會有那麼多「認命」的人。然而，大家絕不要忘了，人原本「生而自由」，所有自由都是附隨於命運，所以，自由非但不受限於命運，甚至在命運之中更得以彰顯。

像劉俠（筆名杏林子），十二歲罹患類風濕性關節炎，身上關節一個個扭曲、疼痛、變形，從此失去健康，失去求學的機會，然而她對生命仍充滿熱愛，十七歲這年，劉俠開始用文字發表作品。

多年來，除創作各類劇本四十餘齣外，並出版散文集《生之歌》、《生之頌》、《杏林小記》、《探索生命的深井》、《美麗人生的二十二種寶典》等，深受海內外讀者喜愛，屢被收入《讀者文摘》中文版，她的作品是許許多多處在生命邊緣者的最佳「良藥」。

法國印象派大師雷諾瓦同樣也是罹患類風濕性關節炎，以致手指扭曲抽筋，他的朋友亨利．馬帝斯去看他，同情地注視雷諾瓦用指尖握著畫筆作畫，每畫一筆就會引起一陣疼痛，到後來甚至必須將筆綁在手上，才能作畫。

有一天，馬帝斯忍不住就問雷諾瓦，「為什麼你這麼痛苦還要繼續堅持畫下去？」

雷諾瓦回答道：「痛苦會過去，美麗會留下來。」

此外像口足畫家楊恩典，謝坤山、四肢殘障者布朗（Christy Brown）僅能移動幾根腳指和一張嘴巴，仍然成為出色的畫家兼作家。

類似的例子古今中外，不勝枚舉。自由非但不因身殘而受限，甚至在困頓的環境下更得以彰顯。

她只有一條腿

你認為自己出身不好，背景太差嗎？

你可知道，著名的政治家兼發明家富蘭克林，以前是一個印刷工人；發現新大陸的哥倫布，以前也不過是個織布工人；舉世聞名《伊索寓言》的作者伊索，他原本是個受盡壓迫凌虐的古希臘奴隸。

美國前總統胡佛是愛荷華一名鐵匠的兒子，後來更成了孤兒；柯林頓在出生的時候是一個沒有父親的貧窮小孩；而魯登斯坦的母親當女侍，父親是獄警，可是他卻能當上世界一流學府——哈佛大學的校長。

IBM的董事長托瑪斯．華森，年輕時曾當過簿記，月薪只有十塊美元；SONY是世界上居於領導地位的公司之一，他事業開始的時候只有一萬五千元台幣。

財星五百大公司的總裁中，五二%若不是出身中下階層，就是貧困家庭。在億萬富翁中有八〇%，也都是白手起家。

你認為你身體不好，條件太差嗎？讓我來告訴你：

音樂家貝多芬是個聾子，仍然寫出許多偉大的交響樂；米爾頓雖然是個瞎子，但卻成為一個詩人，他的十四行詩「On His Blindness」被視為是英國文史上的傑作；著名的理論物理學家霍金雖患有關節萎縮症達二十年之久。無法行動，聲帶也喪失了功能，但他仍然完成許多物理界的創見。穆罕默德、馬丁路德、杜斯妥耶夫斯基，這些偉人都是癲癇患者。

羅斯福雖因小兒麻痺無法站起來走路，但他仍然成為傑出的總統。克勒曼本來又跛又病，但她堅絕不向命運低頭，果然，經過她的決心和不斷苦練，她不但鍛鍊成一副好體魄，後來還成為世界女子跳水比賽冠軍；世界滑雪冠軍邦妮·聖瓊也是一個例子。她曾在薩拉黑佛舉行的冬季奧運會中得到三面獎牌，但她和其他世界滑雪冠軍的選手有一點不同之處，她只有一條腿。

那些勇敢的人，他們能夠達成；那些懦弱的人，他們無法達成，即使給他們再好的境遇也是一樣。我曾經讀到過，巴西的亞馬遜河盆地，是世界上自然資源最豐富的地方—但居住在此地的人們卻曾經是最貧窮的。

所以，重要的不是你的立足點，而是你的方向。

問題並不出在命運，而是出在自己

美國知名作家暨醫師奧立佛・溫道爾・霍姆斯（Oliver Wendell Holms）說得對：

「人生之妙不在立足之處，而在前進的方向。」

沒錯，正如前面所列的那些人，他們「立足之處」看來都很坎坷，似乎都很難有機會。然而這又怎麼樣？當他們努力邁進，一樣達到不凡的成就。

命運法則：

人生之妙不在立足之處，而在前進的方向。

不管你現在在哪一個位置上，或是從哪一個地點出發，都可以到達任何你想去

的地方。因為地球是圓的，所有的地點都在圓周上，而從圓周上的任一點都可以到達圓心；因此，儘管往你想去的地方邁進，別顧慮你所站的位置。

人生道路，本來就不是平坦順暢，甚至崎嶇難行，令人錯愕、茫然。然而當弱者蹲在路邊哀怨自憐的時候，勇者已走出自己的路。

我們不能總是怪罪於命運，因為不管什麼境遇，都有人做的差，也有人做的好。就像美國哲學家愛默生說的：「也許播種者沒弄好，把種籽撒歪了，但豆子依然長得筆直。」所以，問題並不出在命運，而是出在那個人。

因此不要把責任丟給命運。外在的影響是次要的，內在的原因才是主要的，你才是關鍵所在。除非你了解這一點，否則你永遠無法提升和轉化。因為你會繼續自欺欺人，說什麼都是命運的造化，都是造化弄人。如果原因全都是外在因素，那你根本沒有自由可言。因為你怎麼可能改變所有外在因素？

人們渴望自由，卻不知道自己生而自由。想想，這不是很悲哀嗎？

你相信命運，但我不信

我想起一則故事，深具啟發：

威爾遜先生是一位成功的企業家，他從一個小公司的職員做起，經過多年的奮鬥，終於擁有了自己的公司、辦公大樓，並且受到人們的尊敬。

這一天，威爾遜先生從他的辦公大樓走出來，剛走到街上，就聽見身後傳來奇特的聲音，那是盲人用木棍敲打地面發出的響聲。威爾遜先生愣了一下，緩緩地轉過身。

那盲人感覺到前面有人，連忙打起精神，上前說道：「敬愛的先生，您一定發現我是一個可憐的盲人，能不能佔用您一點點時間呢？」

威爾遜先生說：「我要去會見一個重要的客戶，你要什麼就快說吧！」

盲人在一個包裹摸索了半天，掏出一個打火機，放到威爾遜先生手裏說：「先生，這個打火機只賣一美元，這可是最好的打火機啊！」

威爾遜先生聽了，嘆口氣，把手伸進西服口袋，掏出一張鈔票給盲人：「我不抽煙，但我願意幫助你。這個打火機，也許我可以送給開電梯的小伙子。」

盲人用手摸了一下那張鈔票，竟然是一百美元！他用顫抖的手反覆撫摸這錢，嘴裡連連感激說道：「您是我遇見過最慷慨的先生，我為您祈禱！上帝保佑您。」

威爾遜先生笑了笑，正準備走，盲人抓住他，又喋喋不休地說：「您不知道，我並不是一生下來就瞎的。都是二十三年前布林頓的那次事故！太可怕了！」

威爾遜先生一震，問道：「你是在那次化工廠爆炸中失明的嗎？」

盲人彷彿遇見了知音，興奮的連連點頭：「是啊是啊，您也知道？這也難怪，那次光炸死的就有九十三個，傷的人有好幾百，可是頭條新聞哪！」

盲人想用自己的遭遇打動對方，爭取得到更多一些錢，他可憐兮兮地說：「我真可憐，到處流浪，孤苦伶仃，吃了上頓沒下頓，死了都沒有人知道！」他越說越激動，「你不知道當時的情況，火一下子冒了出來！彷彿是從地獄中冒出來的！逃命的人群都擠在一起，我好不容易衝到門口，但一個大個子在我身後大喊，『讓我先出去！我還年輕，我不想死！』他把我推倒了，踩著我的身體跑了出去。我失去了知覺，等我醒來，就成了瞎子，命運真不公平啊！」

威爾遜先生冷冷地說：「事實恐怕不是這樣吧？」

盲人一驚，用空洞的眼睛呆呆地對著威爾遜先生。

威爾遜先生一字一頓地說：「我當時也在布林頓化工廠當工人，是你從我的身上踏過去的！你長得比我高大，你說的那句話，我永遠都忘不了！」

盲人站了好長時間，突然一把抓住威爾遜先生，爆出一陣大笑：「這就是命運啊！不公平的命運，你在裡面，現在出人頭地，我跑了出去，卻成了一個沒有用的瞎子！」

威爾遜先生推開盲人的手，舉起了手杖，他平靜地說：「你知道嗎？我也是一個瞎子。你相信命運，但我不信。」

命運法則：

一時不幸，是偶然；一生不幸，怪自己。

一時不幸，是偶然；一生不幸，怪自己。

一個人當然可以認命，但那只是不願努力的藉口。我們可以任命運擺佈，被外力牽著走，也可以拿回主導權，掌握自己的命運。

每個人都可以選擇自己要當騎士，或是當被騎的馬，就看你自己。

培根說：「人是自己命運的建築師。」

人想要完全自由，就必須澈底覺知，當一個人為自己負起所有責任時，他才稱得上是自己的主人。

自由不是嘴巴說說而已，自由是責任，如果你不想聽天由命，不想成為奴隸，那就負起責任。

當然啦，在開始時，要接受說：「我必須負起所有的責任。」是不容易的，但這只是在一開始。你很快就會打開蛻變之門，因為隨著那個責任被接受，情況就會有很大的轉變，因為如果地獄是你所創造的話，那你也可以創造你自己天堂。如果你給自己帶來那麼多的痛苦，你同樣也可以給自己創造等量的快樂。

一旦你負起責任，你就成了主人，現在一切都操之在你。你就會從命運中解脫出來，你將不在受制於外在的因素，你可以主宰你的生命，你可以以慶祝的心情來面對。

責任會帶來自由。當你看到無論你是什麼樣子，那都是你自己創造出來，你是自己命運的建築師，那你就是完全自由的人。

4 失敗與成功一樣重要

失敗會激勵成功者，也會擊垮失敗者，
這是成功者之所以成功的原因，
也是失敗者所以失敗的因素。

每個人在一生中都有一門重要的學問要學，那就是怎麼去面對「失敗」，處理的好壞往往就決定了一生的命運。

所以，失敗並不重要，重要的是我們如何失敗。失敗者與成功者的區別不是在於他們失敗的次數多寡，而是在他們失敗後有什麼不同的態度和作為。

你應該也聽過愛迪生的故事。當他從事發明電燈的過程中，有人說他共歷經一千九百九十九次失敗，有人問他：「你是否還打算嘗試第二千次失敗？」愛迪生答道：「那不叫做失敗，我只是發現哪些方法做不出電燈來。」

聽到沒？那不叫做失敗，他根本沒有認為自己失敗，他是成功地發現不能做燈泡的方法。

失敗會激勵成功者，也會擊垮失敗者，這是成功者之所以成功的原因，也是失敗者所以失敗的因素。

所以你必須先學會失敗

汽車大王亨利・福特成功之前，因經商失敗過兩次，也曾破產過，他卻說：「其實，失敗只是提供更明智地起步機會。」失敗只不過是讓我們有更聰明的開始而已。

聽過固特異輪胎嗎？在固特異的事業生涯中，曾多次因經商失敗而導致負債累累，甚至還因此入獄。最後他契而不捨的研究出橡膠的硬化過程，因而開創了橡膠工業的一個新紀元。

你玩過「大富翁」遊戲嗎？它的發明人達洛（Charles Darrow）是一個失業在家的暖氣工程師。一九三五年達洛把遊戲的最初版本寄給一家玩具公司。公司拒絕了他，因為遊戲裡有五十二個錯誤。可是達洛並不氣餒，他一再嘗試，一一修正錯誤。今天這個遊戲風靡全球，製造商每年印的大富翁鈔票遠遠超過美國官方每年所印的美鈔。

你吃過比薩嗎？一九五八，富蘭克．卡納利在自家雜貨店對面經營了一家比薩餅店，籌措他的大學學費。十九年之後，卡納利賣掉三千一百家連鎖店，總值三億美元。他的連鎖店叫做必勝客（Pizza Hut）。

對於其他想創業的人，卡納利給他們同樣的忠告：「你必須學習失敗。」他說：「我做過的行業不下五十種，而這中間大約有十五種做得還算不錯，那表示我大約有百分之三十的成功率。可是你總是要出擊，而且在你失敗之後更要出擊。你根本不能確定你什麼時候會成功，所以你必須先學會失敗。」

失敗只是過程而非結果。成長是一個「錯了再試」的過程。失敗的經驗和成功的經驗一樣可貴。

偉大的成功總是伴隨著偉大的失敗

數學家習慣稱失敗為「或然率」，科學家則稱之為「實驗」，我則稱它為「經驗」，從經驗中學習，也意味著從錯誤中學習。因為如果沒有前面一次又一次失敗，哪有後面的成功。

ＩＢＭ的創建者湯瑪士・Ｊ・華生爵士說得好：「你想成功嗎？好，把失敗的可能性乘以二，成功就在失敗的遠端。」失敗就好像數學的刪除法一樣，為我們將成功路上不可行的因素逐一刪去後，最後勝利便在望。

是的，失敗越多相對成功的次數也就越多。失敗十次的成功機率，是失敗五次的二倍。而如果你失敗二十次，成功的機會則又會加倍。

命運法則：

失敗越多相對成功的次數也就越多。是的，如果沒有前面一次又一次失敗，哪有後面的成功。

我想起一個人，這個人在：

二十一歲時，失業。

二十二歲時，競選州議員落敗。

二十四歲時，做生意失敗。二十六歲時，妻子過世。二十七歲時，患神經衰弱。二十九歲時，競選州議會議長落敗。三十一歲時，爭取黨提名競選聯邦眾議員未成。三十四歲時，黨再度拒絕提名他為眾議員候選人。三十七歲時，爭取國有土地管理局局長一職被拒。四十五歲時，競選參議員落敗。

四十七歲時，爭取黨提名為美國副總統候選人未成。四十九歲時，競選參議員再度落選。他在伊里諾州參議員的競選又落敗，但他繼續堅持不懈，屢敗屢戰，到了五十二歲，終於當選為美國總統。這個人就是林肯。

偉大的成功總是伴隨著偉大的失敗。麥當勞創始者克羅克（Ray Kroc）在五十二歲那一年才創業，之後也歷經多次失敗。他說：「當錯誤發生時，令人痛苦莫名……但經年累月之後，這些錯誤，我們稱之為經驗。」

所以，沒有失敗這回事，只有經驗。

每十次打擊，大約有七次失敗

在《當生命請你吃檸檬》書中，我也讀過類似的故事：

有個叫哈利的人，不論做什麼事總是失敗。在學校，他是個端正而平凡的學生，他的老師後來回憶道，「根本沒有人料得到他能有多大的發展。」

年輕時，哈利在對礦業一竅不通的情況下，投資了一座鎳礦場，結果被管理礦場的經理騙了，一切的努力付諸流水，哈利絕望地寫信告訴未婚妻，「你該去挑個比我更有概念和能力的人，而不是向我這樣的傻瓜。」之後，他和朋友合開了一家男士服裝店，一樣慘敗收場，他花了十五年功夫償清積欠的債務。「哈利又倒楣了，」一個認識他的朋友笑著說。最後，靠著另一位朋友運用影響力幫忙，哈利選上了地方法官，不順遂的日子看來似乎就要結束，但法官才做了一任，他又遭免職而再度失業。

「你絕不會想嫁他，」當時哈利的岳母警告即將下嫁哈利的女兒，「他不論走到哪兒都不會成功的。」

哈利的岳母說對了嗎？不，她完全看走眼了。哈利雖然早年時運不濟，連番挫敗，但最後還是從失敗中站了起來；全名為哈利．杜魯門（Harry Truman）的他，當上了美國第三十三任總統，並被視為美國史上最優秀、也最受人尊敬的總統之一。

命運法則：
最大的失敗，就是永不失敗。如果你避開失敗，也就避開成功。

有一句話說得很有意思：「最大的失敗，就是永不失敗。」我非常同意，那些從未失手過的人將會是虛弱無力，那些沒犯過錯的人通常是一事無成。因為只要你去做事，就可能犯某些錯誤，世上熟能無過？即使厲害如美國職棒大聯盟棒球打擊王泰德．威廉斯（Ted Williams），大約每十次打擊，也有七次失敗。

犯錯是成長的一部分，如果我們因為害怕失敗而避免去做一件事，也喪失成長的機會，如果你避開失敗，也就避開成功。

地球是圓的，所有的地點都在圓周上，而從圓周上的任一點都可以到達圓心；因此，儘管往你想去的地方邁進，別顧慮你所站的位置。

從錯誤中學習，不可能走錯

我自己也曾失敗過很多次，曾有人問我：「你教人如何成功，可是自己也曾失敗，別人會聽你的嗎？」我回答：「難道你只能從成功中學習，而不能從失敗中學習？失敗給你的教訓難道會比成功少嗎？」

成功沒有一定法則可依循，不過你卻能夠從失敗中學習到許多心得。像沙克博士發明了天花疫苗，現在則致力於研究愛滋病ＨＩＶ病毒疫苗。他說他百分之九十八的時間是用來記錄失敗的實驗。

畢卡索（Picasso）在他成為舉世聞名的藝術家之前，他畫過無數幅的素描及畫，但他從未將他早期的努力視作失敗，他從早期的努力中，可以學習到很多的經驗，以使他的技巧趨於完美。

而卡納利也承認，必勝客的成功要歸因於他從錯誤中學得經驗。在奧克拉荷馬的分店失敗後，他學會了地點店面裝潢的重要性；在紐約的銷售失敗後，他研發出了另一種硬皮的比薩餅。當地方風味的比薩餅在市場出現後，他又向大眾介紹芝加哥風味的比薩餅。

命運法則：
每失敗一次，就離成功更近了些。

偉大的失敗與出色的成功一樣有價值。

松下幸之助有句名言，他說：「在我的人生字典裡，永遠沒有失敗一詞，因為每一次失敗都是我彌補某種不足的一次機會。」每失敗一次，就離成功更近了些。

發明大王愛迪生也說：「我才不會沮喪，因為每一次錯誤的嘗試都會把我往前更推進一步。」當他還不知道什麼是正確時，最少他已經學習到：什麼是錯誤的。

我在大學所指導的學生大多是研究所的學生，其中有一些還是研究單位的人員，將來出去作科學研究時，一定要寫提案、寫文稿，而且必須要讓人家接受、給錢，才能進行研究，因此研究成果一定要在專業期刊上發表。

「你們是在退稿當中成長。不要把退稿看作失敗，」我告訴學生：「挫折是提升你的能力，而不是讓你放棄的理由。」

沒錯，錯誤其實是你的墊腳石，從你的錯誤中學習，你是不可能走錯的。

那才是真正的男子氣概

話說，有一位父親很為他的小孩苦惱，都已經十五、六歲了，一點男子氣概都沒有。

他去拜訪一位武術大師，請求這位大師幫他訓練他的小孩。大師說：「你把小孩留在我這邊三個月，這三個月你都不可以來看他。三個月後，我一定可以把你的小孩訓練成一個真正的男人。」

三個月後，小孩的父親來接回小孩。武術大師安排了一場空手道比賽來向父親展示這三個月的訓練成果。被安排與小孩對打的是空手道的教練，教練一出手，這小孩便應聲倒地。但是小孩才剛倒地便立刻又站起來接受挑戰。倒下去又站起來，如此來來回回總共六次。

大師問父親：「你覺得你小孩的表現夠不夠男子氣概？」

「我簡直羞愧死了，想不到我送他來這裡受訓三個月，我所看到的結果是他這麼不經打，被人一打就倒。」父親回答。

武術大師說：「我很遺憾你只看到表面的勝負。你有沒有看到你兒子那種倒下去立刻又站起來的勇氣及毅力？那才是真正的男子氣概。」

命運法則：
只要站起來的次數比倒下去的次數多一次，你就是成功。

引自諾貝爾文學獎得主海明威的話：「人可以被擊敗，但絕不能被擊倒。」人最大的榮耀不在於從未跌倒，而是每次跌倒時都能站起來。

沒錯，只要站起來的次數比倒下去的次數多一次你就是成功。

只有行動才有可能，只有前進才有機會。

道理很簡單，如果你站在原地空想，那麼即使是站在最好的道路上也不會到達；但是，如果你保持前進，那麼即使你走在最壞的道路上也會到達——也許早一點，也許晚一點，但你都能到達，那只是早晚的事。最重要的是你必須繼續向前。

就好像打棒球，如果你碰到一個很厲害的投手，即使大多數的時候你都打不到球，但是如果你想上壘，就必須繼續揮棒才有可能，如果你老是把球棒放在肩上的話，那打擊率永遠是零。

只有不斷的嘗試才有可能、也才有機會。如果你想推銷東西，就要不斷的去按門鈴。按十次門鈴的成功機率，是按一次的十倍；如果你繼續按二十個客戶的門鈴，成功的機會又會加倍。所以你必須做的，就是不斷的去按門鈴，這次失敗了，再試一次。任何事情在變得容易之前都是艱難的，你必須堅持下去……

在一個人能夠進入正確的門之前，必須去敲很多次門，事情就是這樣，你會一再失敗，但你必須一再起來，在黑暗中繼續射出你的箭，等到大門打開的時候你早晚會擊中目標，到那個時候，所有付出的代價都會重新計算，你將發現一切都是值得的。

5 打得開鎖的往往是最後一把鑰匙

當你認為你已經嘗試所有機會時，記住，你還是有機會。
當你認為你已經嘗試所有可能時，記住，你還是有可能。
只要堅持，沒有什麼是不可能的。

一九五二年七月四日清晨，加州海岸籠罩在濃霧中。在海岸以西二十一英里的卡塔林納島上，有位女游泳選手涉入水中，開始向加州海岸游過去。要是成功的話她將是世界上第一位橫渡英吉利海峽的人。

這一天早晨，海水冷冰刺骨，海上起濃霧，連護送她的船都幾乎看不到。時間

一個鐘頭一個鐘過去，千千萬萬人在電視上看著。有幾次，鯊魚靠近了她，被人開槍嚇跑，她仍然在游。霧越來越濃，幾乎已經到了伸手不見五指的程度。

她處在茫茫大海中，完全失去了方向感，不曉得到底還要多遠才能上岸。她越游越心虛，越來越筋疲力盡。她已經游了十五個鐘頭，最後還是宣佈放棄。

當救生艇將她救起時，她才發現只要再一百公尺就到岸了。

眾人都為她好惋惜，距離成功就那麼近了。她遺憾地說：「要是我知道距離目標只剩那麼近，無論多辛苦，我一定可以堅持到底，完成目標的。」

命運法則：

生命中的很多失敗，都因為人們不知道他們放棄的時候離成功有多近。

就像愛迪生所說：「生命中的很多失敗，都因為人們不知道他們放棄的時候離成功有多近。」

像這樣的事情在我們生命中每天都在發生。有太多失敗者，其實如果當時肯再多堅持一點，或多再付出一點努力，就可以轉化為成功。

你應該再挖深一點

我曾讀過一則報導，當科羅拉多州第一次發現金礦的時候，所有的美國人都衝到那裡去。消息傳開來說，如果你買一塊地，你就會在那裡發現黃金，於是人們開始在科羅拉多州買地。

有一個大富翁賣掉他所有的財產，用那些錢在科羅拉多州買了一整座山，並且設置了很大的機器來開採金礦。當其他一些小人物在他們的一小塊地上採金礦，這

個富翁利用高科技的幫助在整座山大規模的採礦。

大家都很努力地工作，但一點黃金都沒有挖到。富翁開始擔心，因為他把所有的錢都投資下去，然而時間一天一天地過去，卻什麼也沒見到。

於是，他在報紙上刊登了一則廣告說他想要賣掉那一座山和那些挖礦的機器。他的親友懷疑說：「但是有誰會想要來買？每一個人都知道那座山沒有黃金，你已經浪費了好幾百萬，而一點成果都沒有，會同意買它的人一定是一個瘋子。」但是富翁說：「誰知道？或許有另外一個像我一樣的人。」

後來果真有一個買主前來。那個大富翁很爽快地答應了對方所要求的價位，在交易完成之後，他好奇地問那個買主說：「你怎麼會來買這座山呢？你難道沒有聽說這座山根本沒有什麼黃金，所以我才想要將它賣出去嗎？」

那個人說：「你怎麼知道這座山沒有黃金？或許在你所挖的地方沒有黃金，

但是你怎麼能說，甚至連你沒有挖的地方也沒有黃金呢？」那個大富翁點點頭說：「我無法這樣說。」

不久之後，奇蹟果然發生了。那個人挖到了金礦，位置就在先前那個富翁放棄不挖的底下一英呎的地方發現。當先前那個富翁知道整座山都充滿了黃金，他非常懊悔。他去拜訪那個金礦的主人，並且恭賀他的幸運，但是那個人說：「那不是幸運的問題。你並沒有全然投入。你在挖得差不多之後居然放棄了，你應該再挖深一點。」

這個人之所以成功是因為他比較幸運嗎？不，他只是比較堅持而已。

總有一天我的機會將會到來

所以，不管你想放棄什麼目標，你應該再堅持一點，不要等到以後，才發現原來自己做得到。

當初貝爾發明電話後，有人反對批評說，電話是毫無用途的，因為就算你擁有電話機，別人也沒有。可是，貝爾堅持下去，後來證明他是對的。

萊特兄弟為了實現飛行的夢想，不但冒著生命危險試飛，還要忍受世人的訕笑，歷經千辛萬苦之後，最後總算試飛成功。

有個叫查理巴哈的，找過十八家出版社出他的勵志小說，都被打回票。但他仍不放棄，最後書終於出成了，這本書在美國一年曾賣掉七百萬本，書名是《天地一沙鷗》。

《斑鳩菊》這小說是少有的暢銷書，它的作者威廉．肯尼迪在他成功之前寫了好幾遍手稿，都被出版商拒絕。美國最暢銷兒童文學作家蘇斯博士，出第一本書時，遭到二十八家出版社回絕。現在他的書銷量超過兩億本。

蕭伯納是世界公認最偉大作家之一，他不知受到多少人的歡呼喝采。可是誰會想到他開始寫作的時候，幾乎有六年之久，他艱辛寫出的作品，竟沒能找到一家出版商願意印行他的著作。然而他堅持下去，最後他不但成為英國著名的劇作家，同時還獲得諾貝爾文學獎的殊榮。

苦難不會持久，強者卻可以長存

再來像當紅歌手張惠妹未成名之前，參加「五燈獎」歌唱比賽，曾在奪得「五度五關」之前被封殺，之後捲土重來才一舉成名。

披頭四合唱團（The Beatles）在錄製他們的第一張專輯之前，也曾被五十家唱片公司拒絕過而仍不放棄。之後他們從德國紅回英國，又攻進美國，他們的單曲、專輯張張大賣，成為家喻戶曉的世界級人物，也是二十世紀最為流行的樂團。

史恩．康納萊、克林、伊斯威特，席維特．史特龍，他們早期都是被拒絕了無數次的人。有人批評史特龍，說他連說話都不清楚，甚至沒有一個人願意當他的經紀人。他跑遍了每一家電影公司在紐約的代理，可是都遭拒絕。不過他並不氣餒，繼續敲門，一再嘗試，最後終於擔綱演出「洛基」一片。這部電影打敗了許多製作公司的產品，獲得奧斯卡最佳影片。

命運法則：
九〇%的成功例子，純粹只是因為堅持。

我完全同意喜劇天才伍迪艾倫說的：「九〇%的成功例子，純粹只是因為堅持。」

像肯德基炸雞連鎖的老闆桑德斯上校，聽說至少接觸了一千家餐廳老闆，才終於遇到一個願意將他的炸雞放在菜單上。

華德·狄斯耐在創造他的狄斯耐王國前，也曾破產過好幾次。累積成有利的經驗。還有像林肯、杜魯門，不都證明了，只要堅持，即使運氣再背，一樣可以扭轉乾坤，創下卓越成就。

苦難不會持久，強者卻可以長存。套句林肯的話：「無論如何我都要盡力去做，總有一天我的機會將會到來。」所以你看，只要堅持。

命運遲早會厭倦老是讓你吃閉門羹

日本松下電器公司總裁松下幸之助年輕的時候，因為家境貧寒，他不得不外出打工掙錢謀生，這也養成他堅毅不拔、吃苦耐勞的個性。

有一次，他按報紙招聘廣告到一家電器工廠去謀職，又瘦又矮的松下向工廠人事主管介紹一番自己的情況後，最後請求道：「請給我一份工作吧！哪怕是最危險最低微的工作。」

人事主管瞧瞧其貌不揚的松下幸之助，根本不想聘用他，便對他說：「真不湊巧，我們剛剛聘用了一位。要不，你過一個月後再來看看。」

松下幸之助一個月後，真的準時出現在這位主管面前，這位主管心裡嘲笑松下：從未見過那麼不識相的人，隨便打發他走人就好。於是，這位主管對松下說：「年輕人，你總是不湊巧，我們老闆出去開會了，得過兩三天才回來。」

過了第三天，松下幸之助又來了，這次這位主管真的有點不耐煩了，直接說出他不想聘他的原因：「瞧你穿的，這樣破舊是進不了我們廠的。」

松下什麼話也沒說，下午就去借錢買了一套新衣穿上，找到那位主管說：「你看現在我夠條件嗎？」

主管打量他一下，說：「從你的履歷介紹，看不出你有任何有關電器的知識，我們廠是從不用這種人的。」

「沒關係！我不會但我會學，一個月以後見！」松下說完，果真回去自學了一個月的電器知識，又跑來找那位人事主管。

這位主管說：「一個月能學到什麼知識呢？」

松下說：「一個月不行，我用兩個月，兩個月不行，我用三個月……」

「話未說完，這位人事主管再也說不下去了，他拉起松下的手說，『你是我遇到過最有毅力的求職者，我已被你打敗，從今天起，你來工廠上班吧！』」

松下幸之助憑著堅韌不拔的毅力終於謀得一份工作，並用這種精神一步步打造松下王國，被稱為日本的「經營之神」。

這又再次證明了，只要堅持，命運遲早會厭倦老是打擊你，給你吃閉門羹。

賓果！那果真是一顆鑽石

當你認為你已經嘗試所有機會時，記住，你還是有機會。

當你認為你已經嘗試所有可能時，記住，你還是有可能。

只要堅持，沒有什麼是不可能的——打得開鎖的往往是你試的最後一把鑰匙。

委內瑞拉有一位名叫索拉諾（Rafael Solano）的鑽石開採工人。當地有許多人像他一樣，家境貧困，只盼望在乾涸的河床岩石中找到鑽石礦，一舉致富。然而誰也沒找到。索拉諾沮喪之餘，身心俱疲，決定放棄。河床上縱橫羅列著數以百萬計的平滑鵝卵石，他幾乎都曾經撿拾並仔細查看過，結果全部都是普通石頭。辛苦工作了幾年，他一點收穫也沒有。

他準備放棄了，他最後一次彎下腰拾起一把鵝卵石，奇蹟發生了。他發現掌中一大堆小石子中，有一顆外表似乎略有不同。隨後他從中挑出，放在手中反覆惦度。這顆會是嗎？

賓果！那果真是一顆鑽石。

還記得愛迪生的話嗎？沒有失敗這一回事，是的，這世上根本沒有所謂的失敗，除非你放棄再試一次。

一般人就是太容易放棄了，這也就是為什麼有那麼多的「一般人」而只有一個愛迪生。

想一想大鐵槌吧！大鐵槌敲打石頭一百次還是不見動靜，可是敲第一百零一下時，石頭便應聲裂開。擊開石頭的並不是這第一百零一下，而是前面的一百次敲擊。沒錯，

條件累積到某種程度，「機會」就會跑出來，只要堅持；

挫折累積到某種程度，「轉折」就會跑出來，只要堅持；

失敗累積到某種程度，「成功」就會跑出來，只要堅持；

最困難的時候，就是距離成功最近的時候。

所以，千萬不要灰心喪志，不要絕望，即使你非常絕望，仍須在絕望中堅持下去。

因為也許就是這一次，大石也會為你裂開。

6 「一切都完了」，這就是開端

黎明並沒有離得很遠，但是在你能夠到達黎明之前，黑暗必須先被經歷過。在接近黎明的時候，那個黑夜會變得更暗。然而每個從黑夜走來的明天，都將會看到陽光再現。

第一次世界大戰的海上戰役中，有許多德國水兵在船沉沒之後，必須乘坐救生艇在海上漂浮數天，甚至數週之久，而每一次最早遇難的都是年紀最輕的水兵。起初大家都百思不解，原來老水兵有過沉船的經驗，明白危機終將會解除，而年輕的新兵缺乏經驗，以為身陷絕境，無生還的可能，而放棄了求生。

美國的科學家曾做過一項令人印象深刻的實驗。

他們把一隻老鼠用鐵夾子緊緊夾住，使老鼠無論如何掙扎，都無法脫困。

經過好一段時間，老鼠認為自己處在一個絕對無法成功的困境中，於是放棄了掙扎。

之後科學家鬆開了鐵夾，再把老鼠放到一個乘滿水的水槽中。令人驚訝的是，老鼠竟然不再嘗試游泳求生，而任憑自己逐漸下沉，因為牠已學會了放棄。

我要征服的，不是山，而是自己

學會了放棄，多半與絕望的心理有關。

在納粹集中營中，待了三年而僥倖存活的法蘭克醫師，他也觀察到這種現象，他在著作中即寫道：「我曾感到困惑不解，」他說，「為何有些同伴能活下來，而有些則不能。一些身強體壯的人死了，而一些體格不甚健壯的人卻活了下來，這簡直像一個謎。」

他說，謎底與個人的思維有絕對的關係，他發現那些擁有明確目標和希望的人，就是存活的那群人。換句話說，一個有求生意志，確信自己能度過難關的人，到後來往往就能度過難關。

可見，人的意志力是極為強大的，只要堅定信念和意志，永遠有希望。

《飄》的故事述說一位南方仕紳在內戰悲劇中崩潰的過程。同書另一位主角也曾感慨地說：「他被自己擊倒了。除非自己內心放棄，否則外在環境是無法擊敗任何一個人。」

命運法則：

除非自己內心放棄，否則外在環境是無法擊敗任何一個人。

我聽說，有個人問第一位登上聖母峰的紐西蘭登山好手希拉瑞：「在攀登聖母峰的過程中，最大的挑戰是什麼？」希拉瑞回答說：「最大的挑戰是，我要不斷地說服自己，絕不能放棄攻頂的念頭。我要征服的，不是山，而是自己。」

外在的黑暗並不可怕，可怕的是內心失去了光亮，那才是最需要克服的。

我個人人生經歷過幾次挫折。每當跌入谷底時，我總會告訴自己：「前頭有個更大，更好的東西等著我。」是的，如果現在已經到了谷底，那也代表準備往上爬，事情只會越來越好，因此千萬不要氣餒。

行到水窮處，坐看雲起時

我們眼見的日落其實也正是日初開始。黑暗最深的時刻，就是光要出現的時機。

陸游有首詩：「山窮水盡疑無路，柳暗花明又一村。」當你處在山谷，你內心陰暗，看到的人事物也都是灰暗的，但當你到達峰頂，你將打開整個視野，這時你就會明白，你就會笑。

命運法則：

山窮水盡，其實也正是柳暗花明之契機。當事情看起來似乎無路可走的時候，新轉機往往乍然顯現。

你有爬山或跑步嗎?這經驗你一定不陌生，當爬山爬到一定的時候，會感到筋疲力盡，再也不想往上爬一步，但只要咬緊牙關堅持爬下去，過了一會兒你就會感到全身開始舒服起來，爬山的樂趣油然而生;跑步跑到一定的時候，也會感到筋疲力竭，但只要咬緊牙關支撐下去，過一會兒你就會感到呼吸舒暢起來，兩條腿也好像自動跑了起來。

不管是爬山，還是跑步，在你咬緊牙關的那一刻，就是你的「臨界點」，如果你堅忍不拔地堅持下去，就會挺過臨界點，進入一個新的境界。

所謂:「行到水窮處，坐看雲起時。」山窮水盡，其實也正是柳暗花明之契機。當事情看起來似乎無路可走的時候，新轉機往往乍然顯現。

一場劫難變成一生的幸運

說一則故事。有位智者給了一個在路邊餓得奄奄一息的年輕人一袋麥子。年輕人向別人借了石磨，準備把麥子磨成麵粉。突然，他心裏一動，把麥子分成兩份。他把一部分小麥磨成麵粉，又把顆粒飽滿的那部分留作麥種。

年輕人吃了用新磨的麵粉蒸的饅頭，有了力氣，在山坡上開了一小塊荒地，把麥種播撒下去。然後他每天去山裡採野菜、野果，搭配著剩下的麵粉充饑。他半餓半飽地熬到夏天，麥子成熟了。他留下足夠的口糧和麥種之後，賣了糧食，買了一頭毛驢。第二年麥子豐收的時候，他又買了一匹馬。第三年，他蓋起了房子。

這樣過了許多年，年輕人變成了老人，已是一個擁有千頃良田、牛馬成群的富翁。當年贈給他麥子的智者來到他的面前，對他說，當年有兩位神仙看到他躺在路

邊，一個神仙說，這個年輕人命該餓死，但不該是現在，應該在兩個月之後。另一位神仙說，這個年輕人尚有慧根，有可能度過這一劫。

於是，兩個神仙打賭，令智者送給年輕人一袋麥子，看看他究竟會在兩個月後餓死，還是度過劫難。結果，他將這一劫難變成了一生的幸運。誰知道？

就如同黎明破曉時刻，黑夜與白天固定交會的瞬間，機會和危險兩者會在同一時間相伴出現，會變得灰暗不明。但是在最黑暗的時刻，也就是即將破曉之際。就像詩人雪萊說的：「若冬天已來，春天還會遙遠嗎？」

冬雪下埋有春天的種籽

曾看過一則報導……第二次大戰期間，一艘船被砲彈擊沉，全船只有一個人倖存，飄到一座孤島，在島上堅苦地活下來。

他感到非常無助，只好天天站在島上搖舉白旗，希望有路過的船隻能過來救他，可惜一直都不能如願，他真是失望透了。

有一天，他千辛萬苦搭蓋的茅屋，不知怎麼回事突然起火，火勢一發不可收拾，把他所有的家當都燒個精光。

他簡直無法相信怎麼會發生這樣的事，傷心之餘，不禁埋怨上帝說：「我隻身在這個小島已經夠慘了，怎麼連唯一的棲身之處和僅有的一點東西化為灰燼，老天啊，你為什麼要逼我走上絕路呢？」

正當他沉浸於傷心和絕望的時候，忽然有人駕船來救他。他驚喜之餘，不解地問來人：「你怎麼知道島上有人呢？」

救他的人說：「我們起先也不知道，但是看見島上火光沖天，覺得很奇怪，船長派我們來看看，沒想到真的有人。」

他起初的埋怨全變成由衷的感激，因為上天借這把火救了他。

命運法則：
黑暗最深的時刻，也就是最靠近光的時刻。
在命運最挫敗的時候，往往會出現最好的機會。

黑暗最深的時刻，也就是最靠近光的時刻。就像思想家尤里皮底斯說的：「在最倒楣的時刻，會有最佳的幸福轉機。」所以，在命運最挫敗的時候，我們更要堅持，因為這往往也是出現轉機的時候。

這扇門關了，另一扇門就會開啟

你應該走過電動門吧！那兩扇滑動的玻璃門由電眼所控制。當你一走近，電眼便接收到訊號，然後將門打開。你會發現其實門上沒有開關或是把手，因此即使你用盡全力，也無法用手動的方式把門打開。但是令人驚訝的事情發生了，當你走近大門，就在快要撞上的時候，大門自動打開了，而且還不費吹灰之力。而你做的只是一直不停向前走，如果你停下腳步，門還是關的緊緊的。但只要你繼續前進，大門就為你敞開。

美國作家拉摩（Louis L'Amour）說得對：「有一種時刻，會相信一切都完了，這就是開端。」天無絕人之路，這扇門關了，另一扇門就會開啟。

黎明並沒有離得很遠，但是在你能夠到達黎明之前，黑暗必須先被經歷過。在

接近黎明的時候，那個黑夜會變得更暗。然而每個從黑夜走來的明天，都將會看到陽光再現。

今天我們繼續航行，方向西南西。

這句話是哥倫布在凶險的北大西洋航行時，每天在他私人航海日記上記下來的。我可以想像當時他寫下這句話時的心情，一定是徘徊於渺茫的希望與絕望之間。因位當時的情況非常惡劣，暴風雨無情的打擊船筏，品德號已失去了舵，船上的水手時時刻刻心存犯上叛亂，或許哥倫布的信心也在動搖。可是他憑著堅毅的勇氣，確立方向，仍然繼續向前航行。

怠惰製造懷疑與恐懼，行動帶來信心與勇氣。如果你想克服絕望，千萬不要停滯在那裡，應該繼續向前。

有句俗語：「天上下雨，地上滑；自己跌倒，自己爬」。人生的旅程上有著無數的挫折和阻礙。我們應該學習「不倒翁」那種屢仆屢起的精神，以信心做指南針，失敗當墊腳石，向自己挑戰。

別忘了，哥倫布是憑著信心才發現新大陸，而不是憑著航海圖。

所以，繼續前進吧！

7 何不利用這個機會

善於運用情勢的人必善於扭轉情勢。

機會一直都在，

縱使遍地垃圾，也能長出碧綠的大樹。

家喻戶曉的科學家愛因斯坦最喜歡說的一句話，「機會隱藏在困難中！」（In the middle of difficulty lies opportunity.）

有個著名的例子是發生在科羅拉多州與新墨西哥州交界的聖路易山谷地區。由於當地農夫均以燃燒木柴做為主要的能源，然而地主卻把農夫們撿拾柴火的地區圍起籬笆，使農夫們無柴可燒。這該怎麼辦？這群可憐的農夫在困境中找到了取代的能源，那就是發展太陽能，結果成為全世界最成功的案例。

沒錯，每個問題都包含著無限的機會。窮途末路往往是另一段新旅途的開始。

沒想到灰燼裡藏了三百種可能性

曾讀到一篇文章，內容是敘述，在上個世紀初，美國南方出現一個令大家束手無策的問題，有個人卻迎刃而解。當時南方因經年累月種植棉花，土壤養分消耗殆盡，再加上蟲害肆虐，棉花產量跌至谷底。

眼看著廣大的南方人口因誤種經濟作物欠收，生活陷入困境，有一位科學家兼教授卡佛，便勸導農民將染上蟲害的棉花燒盡，改種花生。

起初，觀念保守的農人認為卡佛腦筋有問題，因為花生只不過是小孩的零嘴，價值低賤。但隨著棉花的產量一落千丈，這位科學家積極鼓吹，逐漸的，農人才開始接納卡佛的勸說，並在數期豐收之後，將卡佛奉為天才。

但命運緊接著又下達另一項挑戰。由於家家戶戶都種花生，市場供過於求，花生在田裏任其腐爛也沒人採收。垂頭喪氣的農夫悲觀的對卡佛說：「我們實在太蠢了，才會聽信你的話。」

卡佛雖遭到非議，但並不氣餒，他回到實驗室認真研究花生，尋找看看還有沒有其他轉機。

當卡佛從實驗室出來時，他成功了，他總共研究出一百多種花生的商業用途，經過數年，更擴展到三百種。他不僅由花生中提煉出十二種染料，還以花生加入牛奶、奶油、蛋黃醬、肥皂、餅乾、潤膚油、化妝品、麵粉、墨水、鞋油、乳酪、辣椒醬、洗髮精及漂白水。光是不起眼的一顆花生，沒想到盡埋藏了三百種可能性。

從藥品變成飲料

的確，危機即轉機，當最壞的情況出現時，往往也是最好的情況將要發生之際。像佛萊明爵士就是因孢子飛進培養細菌的盤裏，毀掉了他的實驗，卻反而發明了盤尼西林；還有像威而鋼的發現也是。Sidenafil這藥原本是用來治療咽喉痛與胸痛，但療效不張，然而使用者卻意外發現它有種「美好的」副作用。於是輝瑞藥廠從而研發出「威而鋼」，全球大賣。

全球飲料霸主可口可樂的成功同樣是源自於一個美麗的失誤。美國亞特蘭大有一個藥劑師，叫潘伯頓。他有一天突發奇想，想研製一令人興奮的藥，他用桉樹葉作為材料，作了很多努力，藥效卻不好。

有一天，一位患頭痛的病人前來醫治。潘伯頓讓護士取他配製的藥給他。可

是，護士在給他藥時，不是沖入了水，而是誤將蘇打水沖進了藥瓶。病人飲後，才覺得配方錯了，所有人都大驚失色。但奇怪的是，病人的頭痛減輕了，而且沒有發生不良反應。潘伯頓如獲重釋。

過了幾天，潘伯頓突然受到了啟發，他把他配製的藥和蘇打水混合，進行試驗，發現這些液體芳香可口，益氣提神。結果在他的改良下，可口可樂從藥品變成了飲料，風靡全世界。

機會總是披著「困難」的面紗

機會經常都在敲門，只是很多人不知道這就是機會。

事實上，在這個世界上，到處都充滿機會，不是「有時」才有機會，而是機會「一直」環繞在我們身邊，就好像大海裡一直會有魚，是一樣的道理。更明白的說，困難只不過是披著面紗的機遇，然而，因為機會總是披著「困難」的面紗，因而大家都認不出它。

命運法則：

每個問題都包含著無限的機會。窮途末路往往是另一段新旅途的開始。人生許多看似與成功背道而馳的情況，往往是造成未來成功的基礎。

我想幾年前的一段往事……有個朋友因中年失業而徬徨沮喪，我們約好見了面，知道他的遭遇，我當然盡可能的給他鼓勵，但從頭到尾他卻一直愁眉不展，最後他嘆了口氣說：「像我這種年紀，你說還有什麼機會呢？」

「當然，」我告訴他：「你當然有機會，這機會很可能是當你就業時不可能擁有的。」

「怎麼說？」看他一臉疑惑，我說：「你想一想，現在有什麼事是你以前因為『就業』而無法去做的？比方，你有機會自行創業；你有機會到處旅遊；你有機會再去充電；你有更多時間陪家人，你有機會選擇另一個機會。這些都你的機會，不是嗎？」人生的大海，有著豐富的魚種，你必須做的，就是開始撒網。

這位朋友在一年後告訴我說：「我一直想自己創業，自己當自己的老闆，因為失業才讓我真的去做。我在家裡成立一個網路公司，而這一年，一切都上軌道了，現在我不但收入比以前高，也賺到和家人在一起的時間。」情況就是這樣，人生許多看似與成功背道而馳的情況，往往是造成未來成功的基礎。

所以失業不一定是壞事，失業也許讓你想起埋藏很久而塵封的夢想，也許會喚醒連你自己都從未知道的潛能。反過來看，一直固定在一個職業上終此一生，也許才是最大的不幸。

拿出最佳本事的一個機會

美國實業巨子艾科卡，他四十歲的時候，就被福特汽車公司任命為公司總經理，年薪超過百萬美元，遠超過美國總統的收入。可是，正當艾科卡平步青雲之際，卻因為亨利·福特擔心他會在以後取代自己，成為公司的董事長，於是突然宣布將他開除。

這突如其來的打擊，讓他陷入極為痛苦的思考：就此退休嗎？五十四歲顯然為時過早；另起爐灶幹別行嗎？五十四歲似乎又已經太晚。真是另人舉棋不定！

這時，美國三大汽車公司中的「老三」——克萊斯勒公司正瀕臨倒閉的危險，急需一位巨將力挽狂瀾。艾科卡經過審時度勢，他接受挑戰。結果，他又獲得了成功，許多原屬於福特汽車公司的市場都被克萊斯勒公司佔領了。一九八四年，克萊斯勒公司的盈利比這家公司前六十年利潤的總和還多。

還是那句話，命運即是機會，命運是「讓你拿出最佳本事的一個機會」。當我們遇到困難時，這會迫使我們找到內在的財富，那是我們從不知道自己擁有的財富。

美國石油大王，同時也是美國第一位億萬富翁的洛克斐勒，他就說：「我總設法把每一樁不幸，化為一次機會。」所以，千萬不要被短期時運不濟給嚇倒，它往往是命運為你取得更大成就所加的法碼。

從模特兒變企業家

在每個人一生中，都會有許多挫折，這轉折，往往是改變人一生命運的最好時機。

美國加州一位擔任模特兒的小姐，她曾當選過美皇后，但是在二十九歲那年出了場車禍，摔斷了她認為最大本錢的兩條腿，不過她並沒有因此而感到人生無望，反而充滿愛心地關心周遭的人。

當她離開醫院，得整天靠著輪椅行動時，她發覺，所使用的輪椅很不方便，這如果在別人來說，可能會認為，既然現有輪椅都是這樣，那就勉強用吧！

可是她不這麼想，她找來兩位從事工程技術的朋友來，希望改良出更好的輪椅，讓殘障者更方便，於是在她契而不捨的精神下，終於把它改成非常好用的輪椅。

後來她想，何不把這個產品推銷給所有的殘障朋友使用呢？

她開始開發這種輪椅，就在一九八四年，短短的兩、三年間，這家公司已經成為加州創業成長最快的公司。在這種遭遇之後，她能從模特兒變企業家，而且相當成功，是讓人意想不到的。

命運法則：
智者創造機會，愚者等待機會，中庸的人要快點把握機會。

我非常認同法國作家巴爾札克說的：「世間的事永遠不是絕對的，其後果往往因人而異。以苦難來說，它對天才是一塊墊腳石，對能幹的人是一筆財富，對弱者則是萬丈深淵。」

一點都沒錯，智者創造機會，愚者等待機會，中庸的人要快點把握機會。如果你已走入深淵，你要做的就是趕快找一塊墊腳石，為自己創造財富和成功的機會。

機會從來就不是拱手奉上的，你自己必須去創造。

我可以利用這個機會做什麼？

每個人在生命的每個階段，都會有很多機會。這些機會可能不是你所喜歡的，但是，每個機會，都隱藏著更大的可能，都能為你帶來更大更好的機會。

記得在服役期間，我被分發到外島，在那裡物資缺乏，更談不上什麼娛樂，當時我就在想，「我可以利用這個機會做什麼？」結果在那一年，我不但準備好托福考試，而且在那裡所閱讀的書本，加起來要比過去十年還要多。

所以就看你自己了，不論你在哪裡或者處在什麼情況，你都可以利用「那個機會」。只要你肯用心，就算你被關在監獄裡，一樣可以找到機會。

像「短篇小說聖手」的歐・亨利，他雖含冤入獄，並被判五年徒刑。但他沒有受限於厄運，反而投入寫作，一舉成為最傑出的短篇小說家。

路德在身陷華特堡時翻譯了《聖經》;幾乎無人不知無人不曉的《唐吉訶德傳》,則是塞萬提斯在馬德里獄中寫成的;約翰・班揚因遭諱被捕,坐了十二年的牢,在又冷又濕的土牢中,完成了《天路歷程》這本驚人鉅著,在當時,除了《聖經》以外,它是第一本在世界上行銷最廣的書;就連唐帖內拉的《太陽城》,也是他二十多年鐵窗生活的結晶。

西諺云:「善於運用情勢的人必善於扭轉情勢。」機會一直都在,縱使遍地垃圾,也能長出碧綠的大樹。

什麼叫做機會?機會就是別人所無法看到的東西。
機會在那裡?就在別人認為不可的事情當中。
危機,事實上包含了兩個意思:一個意味著危險,另一個意味著機會。

你認為的危機，事實上是轉機。說得更簡單一點，如果你不進入危險，你將會錯過那個機會。

每一次困境，即使是負面的，都同時帶來一次機會。

因此，不要把困難看成一個障礙，而要把它視為——

一個可以發覺問題的機會

一個可以超越自己的機會

一個可以激發潛能的機會

一個可以重新開始的機會

別抱怨眼前的遭遇，要曉得有一件美好，改變你一生的事正要來臨。

別忘了，機會隱藏在困難中！

8 以後你只要擦一隻皮鞋！

樂觀者在災禍中看到機會；悲觀者在機會中看到災禍。

樂觀主義者注意的是烏雲背後的太陽，

而悲觀主義者注意到的則是太陽前面的烏雲。

每一枚銅板都有兩個面，你要看向光明，還是黑暗，全由你選擇。

為何有些人能衝出逆境，高奏凱歌？為何有些人，雖環境優渥，卻哀怨一生？

為何有人能把考驗化為助力，加速前進，而有人卻讓考驗阻礙前進？

這些問題常縈繞我的心頭。強者成功的秘訣是什麼？為什麼其他人放棄的時候，他能繼續堅持？大多數人失敗的時候，他卻能夠成功？當別人意志消沉的時候，他卻神采飛揚、意氣風發？為什麼？原來差別全在人生的態度。

命運法則：

成功是因為態度，失敗也是因為態度。你有什麼樣的態度，就有什麼樣的人生。

記得法蘭克在《人對意義的找尋》書裡也提到：包括我們的尊嚴在內的每一樣寶貴的財產，都可能從我們身上被拿走，唯有一樣不能，那決定我們對發生之事所抱持的態度的那一股力量。

是的，成功是因為態度，失敗也是因為態度。你有什麼樣的態度，就有什麼樣的人生。

問題就出在態度

我認識一位朋友，他從大學畢業後，就一直在某家公司上班。然而就在幾個月前，他透過一些小道消息，得知自己的公司很快將被一家大公司接收，他自然地為自己有可能失去飯碗而憂心忡忡。他甚至認為新來的老板將會用他自己的人替換掉他。

因此當新公司派來代表起，他就表現出一種淡漠，不怎麼友善的態度，這一態度當然也影響了他們對他的看法。隨著時間一週一週的過去，他和新來的員工已到了水火不容，正如你已經猜測到的，最後他被解雇了。

他覺得憤憤不平，在所有人當中，他不僅是資歷較深的，也是部門裡工作最出色的，為什麼被解雇？他從未想過自己被解雇的根源，就出在他的態度。

哈佛大學作過一項研究，結果顯示成功、成就、升遷等等原因的百分之八十五是因為我們的態度，而僅有百分之十五是由於我們的專門技術（事實）。

法國思想家蒙田說得對：「悲觀的態度帶給人傷害要比事情本身來得嚴重。」外界事物的變化，別人的所思所行，都不是我們的責任。我們只為自己的反應負責，那就我們的態度。

態度不同，結果大不同

也許我們無法改變事實，但我們卻可以自由選擇自己面對事情的態度。就在幾天前我讀到一則故事。通用公司的裁員名單中，內勤辦公室的艾麗和密娜都榜上有名。按規定，她倆都將在一個月後離開公司。

第二天上班，艾麗的情緒很激動，誰跟她說話她都氣沖沖的，逮到誰就向誰開火。裁員名單是總經理定的，跟其他人沒關係，艾麗也明白這一點，但心裡氣不過，又不敢找總經理發洩，只好找人出氣。

自然，大家都儘量避開她，辦公室訂便當、傳送文件、收發信件，原本屬艾麗做的，現在都無人過問。艾麗原本很討人喜歡，但現在，她人未走，大家卻有點討厭她了，希望這個月趕快結束，好讓她早點滾蛋。

密娜也很討人喜歡，同事們早已習慣了這樣對她說：「密娜，幫我把這個打一下！」「密娜，快把這個傳出去！」密娜總是愉快地答應，愉快地去做她該做的事。

裁員名單公佈後，密娜哭了一晚，第二天上班也是無精打采的。但打開電腦，拉開鍵盤，她就和以往一樣工作了。密娜見大夥不好意思再吩咐她做什麼，便特地跟大家打招呼，主動找事做。她想，反正做也是一天，不做也是過一天，以後想做恐怕都沒機會，不如做好最後一個月。她的心情漸漸平靜。

一個月後，艾麗如期的離開公司，而密娜卻從被裁員名單中刪除。主任當眾傳達了總經理的話：「密娜的工作，誰也無可取代；密娜這樣的員工，公司永遠不會嫌多。」

所以你看，態度不同，結果就大不同。

活出生命的色彩

威廉．詹姆士（William James）曾說：「我們這一代最偉大的革命，就是發現人類在改變自己內心的態度以後，可以改變自己外在的生命。」

像在前面介紹的日本「經營之神」松下幸之助，「發明大王」愛迪生，「屢敗屢戰」的林肯、杜魯門，被關在納粹集中營中的法蘭克……這些人為什麼能成功？

還有像「輪椅醫生」陳建民，「潛水鐘與蝴蝶」的鮑比，「漸凍人」陳宏，患有肌肉萎縮症的朱仲祥，「不相信命運」的盲人企業家威爾遜先生，罹患類風濕性關節炎的劉俠、雷諾瓦……這些人面對殘障沒有倒下，反而「站得更高」，為什麼？

都是因為生命態度，對嗎？就像朱仲祥說的：「態度決定我們的高度。」

口足畫家謝坤山，我想許多人應該不陌生，他在國小畢業時即因工作而誤觸高壓電，導致雙手及右小腿截肢，右眼失去視力，人生一下子掉入黑暗；然而他並沒有倒下，更以積極的態度面對人生。謝坤山說：「一個人無法面對自己時可以不照鏡子，但卻永遠躲不掉自己的影子」。於是他練字，也開始有了畫家之夢，就這樣，他克服重重困難，以口足併用彩繪著人生「活出生命的色彩」。

自習素描七年，後入畫家吳炫三門下習畫，作品多次入選全國油畫及台南美展優選獎，一九九六年獲頒第三十四屆全國「十大傑出青年」至此獲獎不斷；視覺藝術獎、金毅獎、金鷹獎，國內外激勵演講兩千場以上，並於二〇〇二年元月出版「我是謝坤山」自傳。

命運法則：

只要我不去想我失去了什麼，只想自己還擁有什麼。那麼即使目前一無所有，也不代表我永遠不會再有。

他說：「只要我不去想我失去了什麼，只想自己還擁有什麼，即使目前一無所有，也不代表永遠不會再有。我相信，只要不對自我設限，未來的路必將無限寬廣。」他樂觀看待人生，為「態度價值」，做了最精彩的見證。

謝天謝地，我們又可以重新來過了

悲觀的人說：「完了，我只剩一塊錢。」那樂觀的說：「幸好，我還有一塊錢。」同樣是不幸，那樂觀的人說：「感謝老天，我還活著！」那悲觀的會說：「老天，為什麼這種事會發生在我身上？」什麼緣故？心態不同罷了！

抗癌小詩人周大觀，他因病截肢，不但沒有抱怨，反而以樂觀的心態述說自己的求生意志。活了短短的十年，小詩人留下的作品《我還有一隻腳》，確實給社會帶來非常正面的影響，換成大多數人，恐怕只想到「我只剩一隻腳」。

漸凍人陳宏則喜歡以那個「半杯水」的故事來解釋生命態度：杯子裡有半杯水，有人覺得悲觀，而陳宏卻樂觀感恩地說：「我畢竟還有這半杯水呢！」。

從這些勇者身上我們可以發覺一個相同的特質，那就是態度，樂觀可以改變悲劇。

在一九一四年，十二月九日夜晚，愛迪生手創的西橙公司龐大的廠房一夜之間被一場大火付之一炬。損失達兩百萬美元，以及他畢生的研究心血。

當時，愛迪生的兒子，眼見這場大火，驚慌失措地到處找他的父親，愛迪生就站在火場不遠處，兩頰被熱氣映得通紅，一頭白髮被冬天的寒風吹得蓬亂。

小愛迪生回憶道：「我看著他，內心不由得為他絞痛。他已經六十七歲了，不再是一個年輕小伙子，而他所有的一切都葬送在熊熊的火燄中。他一看我走近，便對我叫道，『查爾斯，你媽呢？』『我不知道。』『趕快把她找來，帶她過來這邊，她這輩子恐怕都不會有機會欣賞到這樣的大火奇觀。』」

第二天早上，踩在火災後的殘瓦碎礫間，愛迪生說：「這一場天災有它非常珍貴的價值在。我們所有的錯誤都被火燒掉了。謝天謝地，我們又可以重新來過了。」能把危機當成機會，這便是成功者與別人態度不同之處。

果然在大火過後的第三個禮拜，他的工廠即推出了第一台留聲機。

真是感謝上帝！

我聽說愛迪生在發明了留聲機之後不久，有一個記者去訪問他：「先生，你從小就患有耳疾，這算不算你此生最大的遺憾呢？」愛迪生說：「以前曾那麼覺得，但後來想想，反而覺得這樣對我比較好，因為我小時候表現很差，耳朵不好，剛好聽不到別人的嘲諷，這樣就可以更專心、更努力。」

又有一次，愛迪生的實驗室被火燒了，事後又有記者問他：「先生，那一次的大火，是不是對你造成不小的損失？」愛迪生說：「不！正好相反。那一次大火燒了我很多面臨瓶頸的草稿，當我必須一切從頭來過時，我反而因此能跳脫過去的框框，找到新的途徑，反而讓我的研究因禍得福，又更進了一步，真是感謝上帝！」

選擇將發生在自身的事情視為好運，可以把不可能變可能；而相反的情況也屬實，將發生的事情視為厄運，則會將可能的變不可能。

像鮑比在《潛水鐘與蝴蝶》書裡也自嘲：「這種病很罕見，要非常幸運，才能掉進這種可怕的陷阱裡，比樂透中大獎更需要好運氣。」

美國教育家海倫凱勒，我想大家應該都聽過，她從小又聾又啞，然而她卻說：「感謝上帝給我的殘疾，若不是這樣，我不會成功。」不管你同不同意她的說法，但她面對生命的面態度卻是你不得不贊同。

你要看向光明，還是黑暗

一個樂觀和悲觀的人最大的不同，並不是不同的境遇，而是他們注意的焦點不同：樂觀者在災禍中看到機會；悲觀者在機會中看到災禍。樂觀主義者注意的是烏雲背後的太陽，而悲觀主義者注意到的則是太陽前面的烏雲。

我們每個人都可以選擇態度，決定用什麼態度面對人生。我們不能改變既成事實，我們不能改變別人的做法，我們不能改變無法避免的事情。唯一能改變的就是我們的態度。

命運法則：
我們不能改變別人的做法，我們不能改變無法避免的事情。唯一能改變的就是我們的態度。

一八一四年，法國大將軍陶梅尼在前線打仗時，被敵軍的砲彈轟斷一條腿。他出院返回部隊後，每天幫他擦皮鞋的勤務兵，看到將軍斷了一條腿，嚇得哭了起來。

「你哭什麼？」陶梅尼將軍笑著說：「以後你只要擦一隻皮鞋就好了！這不是很好嗎？」

每一枚銅板都有兩個面，你要看向光明，還是黑暗，全由你選擇。

在這世界上有兩種人，看向光明面的人，看黑暗面的人。

黑暗面的人會維持痛苦，因為他們本身是負面的，他們將自己帶進黑暗。即使外頭陽光普照，但他們依然把門關上，讓自己活在黑暗之中。

光明面的人就完全不同，他們非常正向而且快樂，因為他們的心是敞開的，他們懂得欣賞玫瑰而忘了它的刺。

玫瑰與刺，就像黑暗與光明，原是一體的，你是要「怨」還是要「謝」，要「哭」還是要「笑」，都看你自己。同樣是一天，你要欣喜黑暗過去就是白天，還是要悲傷，白天過去就要黑暗，全看你的態度。

海倫凱勒有句名言：「面對陽光，你就永遠看不到黑暗。」

海倫凱勒女士，又盲又聾又啞，從小生活在沒有光明、沒有聲音的寂靜世界裏，但是她不斷地努力向上，終於成為世界的偉人。雖然她自己不能言語，但是透過手勢的翻譯，她到處演講，把生活於黑暗、絕望之中的殘障者的心聲，傳達給世人，掀起國際間對殘障福祉事業的重視。由於海倫凱勒的努力，將盲聾的殘障者帶入充滿光明的世界，而她本人也成為人間不幸者的希望象徵！

你無法強迫陽光進來，就像你無法改變命運一樣，但是你卻可以把門打開，這樣就夠了，然後陽光自己會進來。

是的，只要打開心門，面對陽光，你就永遠看不到黑暗。

9 每一個人都隱藏著無限的可能性

任何可能都是機會，放棄可能即成了命運，
如果機會、命運只能選一個，我會選擇機會，
因為唯有給自己機會，才有改變的可能，
不去嘗試，也逃不過命運的束縛。

在法國楓丹白露的「人類和諧發展學校」……有一天在授課時，葛吉夫要他的學生彼德斯望向窗外，描述他所看到的東西。

「一棵橡樹。」男孩說。

「是的，一棵橡樹。」葛吉夫表示同意。

「那麼你在那棵樹上看到什麼呢？」

「橡實，」彼德斯回答。

「多少顆橡實？」葛吉夫問，男孩猶豫很久就猜想說，「九千顆。」

「你認為其中有幾顆會變成樹？」他問。彼德斯被難倒了，但最後還是回答，

「也許五、六顆。」

「不！」葛吉夫反駁說，「只有一顆，甚至不到一顆。」

然後他告訴這個男孩：「大自然創造出數以千計的橡實，但成長出一顆樹的可能性卻很微小。人也是如此，很多生出來，但很少人成長，其餘的只是肥料！」

人是一棵棵的種籽，有一個偉大的可能隱藏在裡面，但是卻很少人成長，很少人能變成大樹，那個潛力被浪費了。那就是為什麼人們常會覺得生命沒有意義，因

為你原本有機會不同的，但你不敢嘗試，因而什麼東西也沒被實現。

結果讓機會白白溜走

有一個人有天晚上碰到一個神仙，這神仙告訴他說，有大事要發生在他身上了，他會有機會得到很多的財富、還會獲得眾人的推崇，並且娶到夢寐以求的美嬌娘。這個人終其一生都在等待這個奇蹟會出現，可是什麼事也沒有發生。

這個人窮困地度過了他的一生，最後孤獨地老死了。當他上了西天，他又看見了那個神仙，他對神仙說：「你說過要給我財富，眾人的尊崇和一個漂亮的妻子的，我等了一輩子，卻什麼也沒有。」

神仙回答他：「我可沒這樣說。我只是說要給你『機會』，給你機會得到財富、名望和漂亮的妻子，可是你卻讓機會白白溜走。」

這個人迷惑了，他說：「我不明白你的意思。」

神仙回答道：「你記得你曾經有一次想到一個好點子，可是你沒有行動，因為你怕失敗而不敢嘗試。」這個人點點頭。

神仙繼續說：「因為你沒有去行動，這個點子幾年以後被給了另一個人，那個人做的非常成功，你可能聽過那個人，他就是後來變成城裡最有錢的那個人。還有，你應該還記得，有一次發生了大地震，城裡大半的房子都毀了，好幾千人被困在倒塌的房子裡，你有機會去幫忙拯救那些存活的人，可是你怕有人會趁你不在家的時候，到你家去打劫偷東西，你以這作為藉口，故意忽視那些需要你幫助的人，而只是守著自己的房子。」這個人不好意思地點點頭。

神仙說：「那是你去拯救數百人好機會，而那個機會可以使你在城裡得到名望和眾人的尊崇啊！」

「還有，」神仙繼續說：「你記不記得有一個頭髮烏黑的漂亮女子，那個你曾經非常強烈地被吸引的，你從來不曾這麼喜歡過的一位女子。可是你想她不可能會喜歡你，更不可能會答應跟你結婚，所以你從未跟她表白，就這樣讓她從你身旁溜走了。」這個人又點點頭，可是這次他流下了眼淚。

神仙說：「我的朋友啊！就是她！她本來該是你的妻子，你們會有幾個漂亮的小孩，而且跟她在一起，你的人生將會有許許多多的快樂。」

我們每個人身邊都圍繞著很多機會，包括愛的機會、創造的機會、成功的機會……然而就像故事裡的那個人一樣，我們總是因為害怕而停止腳步，結果讓機會白白溜走。

他反而發現了新大陸

機會意味著冒險，當然，只要我們去冒險，向未知邁進一步，就是一種挑戰，挑戰就有威脅、就有風險，而有風險就有失敗的可能。

然而失敗又代表什麼意義呢？如果你沒有達成你原先目標，你就失敗了，是這樣嗎？哥倫布向正西方航行，目標是要尋找前往印度的新航線，但卻沒有達成。他失敗了嗎？當然沒有！他反而發現了新大陸。

去看看那些探索未知領域的先驅，牛頓、達文西、伽利略、哥白尼、愛因斯坦、富蘭克林、林肯，這些人以及類似他們的人，他們也都是人，就跟你我一樣；唯一不同的是，他們願意走別人不敢走的路。

一八六五年，美國南北戰爭結果時，一位名叫馬維爾的記者去採訪林肯，他們之間有這麼一段對話。

馬維爾：「據我所知，上兩屆總統都想過廢除黑奴制，《解放黑奴宣言》也早在他們那個時期就已草就，可是他們都沒有拿起筆簽署它。請問總統先生，他們是不是想把這一偉業留給你去成就英名？」

林肯：「可能吧！不過，如果他們知道拿起筆需要的僅是一點勇氣，我想他們一定非常懊喪。」

馬維爾還沒來得及問下去，林肯的馬車就出發了，因此他一直都沒弄明白林肯的這句話到底是什麼意思。

直到一九一四年，林肯去世五十年後，馬維爾才在林肯致朋友的一封信中找到答案。在信裏，林肯談到幼年的一段經歷：

「我父親在西雅圖有一座農場，上面有許多石頭。正因如此，父親才以較低價格買下它。有一天，母親建議把上面的石頭搬走。父親說，如果可以搬走的話，主人就不會賣給我們了，它們是一座座小山頭，都與大山連著。」

「有一年，父親去城裡買馬，母親帶我們在農場工作。母親說，讓我們把這些礙事的東西搬走，好嗎？於是我們開始挖那一塊塊石頭。不出幾天，就把它們搬走了，因為它們並不是父親想像的山頭，而是一塊塊獨立的石塊，只要往下挖一英尺，就可以把它們移動。」

命運法則：

每件高貴的工作，最初都是不可能的。

林肯在信的末尾說，有些事情人們之所以不做，只是他們認為不可能。而許多不可能，只是存在於人的想像之中。

每件高貴的工作，最初都是不可能的。哥倫布，當時每一個人都認為他想要完成的事是不可能的，甚至警告他，他的船會從地球邊緣掉下去，但他卻仍執意前行，也還好他願意冒險，才改寫了整個世界的版圖。

就像卓別林說的：「歷史上所有最偉大的成就，都是由於戰勝了看來是不可能的事情而取得的。」

小河流的旅程

成為勇敢的，以一種熱情的，積極的態度來面對生命，帶著全然的勇氣，願意冒一切的險，因為除非你願意冒一切的險，否則你將無法知道那個隱藏在你生命中的燦爛光輝。當你去嘗試，你的生命才首次打開。

在網路上讀到這篇意喻深遠的文章，與大家分享：

有一條河流從遙遠的高山上流下來，經過了很多個村莊與森林，最後它來到了一個沙漠。它想：「我已經越過了重重的障礙，這次應該也可以越過這個沙漠吧！」當它決定越過這個沙漠的時候，它發現它的河水漸漸消失在泥沙當中，它試了一次又一次，總是徒勞無功，於是它灰心了「也許這就是我的命運了，我永遠也到不了傳說中那個浩瀚的大海。」它頹喪地自言自語。

這時候，四周響起了一陣低沈的聲音，「如果微風可以跨越沙漠，那麼河流也可以。」原來這是沙漠發出的聲音。小河流很不服氣地回答說：「那是因為微風可以飛過沙漠，可是我卻不行。」

「因為你堅持你原來的樣子，所以你永遠無法跨越這個沙漠。你必須讓微風帶著你飛過這個沙漠，到你的目的地。只要你願意放棄你現在的樣子，讓自己蒸發到微風中。」沙漠用它低沈的聲音這麼說。

小河流從來不知道有這樣的事情，「放棄我現在的樣子，然後消失在微風中？不！不！」小河流無法接受這樣的概念，畢竟它從未有這樣的經驗，叫它放棄自己現在的樣子，那麼不等於是自我毀滅了嗎？「我怎麼知道這是真的？」小河流這麼問。

「微風可以把水氣包含在它之中，然後飄過沙漠，到了適當的地點，它就把這些水氣釋放出來，於是就變成了雨水。然後這些雨水又會形成河流，繼續向前進。」沙漠很有耐心地回答。

「那我還是原來的河流嗎？」小河流問。

「可以說是，也可以說不是。」沙漠回答。「不管你是一條河流或是看不見的水蒸氣，你內在的本質從來沒有改變？你會堅持你是一條河流，因為你從來不知道自己內在的本質。」

此時小河流的心中，隱隱約約地想起了自己在變成河流之前，似乎也是由微風帶著自己，飛到內陸某座高山的半山腰，然後變成雨水落，才變成今日的河流。於是小河流終於鼓起勇氣，投入微風張開的雙臂，消失在微風之中，讓微風帶著它，奔向另一個可能。

我們的生命歷程就像小河流一樣，想要跨越生命中的障礙，達成某種程度的突破，往最高的目標邁進，也需要有「放下自我（置於死地而後生）」的智慧與勇氣，邁向未知的領域。

這樣生命又怎麼有熱情呢？

當河流進入大海，它會害怕，它害怕自己會消失，然而它有消失嗎？沒有，它不但沒有消失，它反而變大了。

當煤轉變成鑽石，它也同樣會害怕，然而它有失去什麼嗎？沒有，它反而蛻變成了堅硬耀眼的鑽石。

但是只要煤是煤，它就會害怕失去它自己；只要河流是河流，它就會害怕消失。它無法想像自己會變成大海，就像毛蟲不知道破繭而出會變成為蝴蝶，因此所有的成長遂成了艱辛的爭扎。

當種籽開始死去而進入土壤的時候，它也同樣會感覺害怕，那也是一種死亡，而種籽無法想像將會有生命從死亡產生出來。

一棵種籽是封閉的，是安全的，但是一棵樹就沒有那麼安全了，樹會有許多危險，有許多可能會遭受破壞，必須跟大自然環境搏鬥，這種奮鬥是成長所必須，然而出於恐懼，於是有無數的人保持在種籽的狀態，盡可能在安全的範圍之中，將生命的格局變得很小。

雖具有潛能，卻不願付諸實現。現況就這樣，我發現有太多的人，從來不開創自己的命運，甚至不知道「自我實現」和「自我完成」是什麼。他們活的很空虛，死的也很空虛，這樣生命又怎麼會有熱情呢？

命運法則：如果你的人生可以更上一層樓，你卻甘於屈就，那麼，你永遠不可能找到熱情。

南非前總統曼德拉曾說：「如果你的人生可以更上一層樓，你卻甘於屈就，那麼，你永遠不可能找到熱情。」

生命不該只是變老，它必須成長。在我們每一個人裡面都隱藏著無限的可能性，你必須活出自己……數以千計的橡實，也只有一顆能長成橡樹；數以千計的人，也只有一個能脫穎而出。沒錯，除非你能勇敢的冒險，否則最後也不過是一堆肥料而已！

一條小河流怎麼能夠相信自己可能變成雨水，甚至成為大海？

但你現在看到的河水都曾經是雨水，而雨水可以變成海水，海水也會蒸發成雨水，降下成為河水。

一顆種子怎麼能夠相信有一棵大樹隱藏在它裡面？

但今日的大樹從前也曾經是一顆小小的種子，而今日小小的一顆種子來日將可能變成一棵大樹。

「發現」的英文叫discovery，covery是蓋子，dis就是掀開，我們生命有許多可能，只是我們沒有發現罷了，所以我們要將舊東西掀開來，才能發現新的東西。

蛋必須打破它的殼，牠必須先消失成不再是一顆蛋，然後才可能變成一隻自由飛翔的鳥；種子必須拋棄防衛，冒險地進入土壤中，一旦外殼死去，嫩芽發出，才可能變成一顆樹。

任何可能都是機會，放棄可能即成了命運，如果機會、命運只能選一個，我會選擇機會，因為唯有給自己機會，才有改變的可能，不去嘗試，也逃不過命運的束縛。

10 毀滅不了我的，只會使我更堅強

要想成功，你或許需要朋友，
但要想非常成功，你需要的是敵人。
就像沙丁魚需要鯰魚才能存活一樣，
我們也需要困頓讓自己更堅強、更有韌性。

挪威人捕沙丁魚，活的能賣高價，死的只能低價賣出。內地離海邊較遠，要把沙丁魚活著運到內地比較困難。有個船長很有本事，他每次都能把沙丁魚活著運到內地，個中奧妙外人無從得知。

船長死後，有人問了他的家人這才弄清了其中的奧秘。原來他在魚槽裏放進一條鯰魚，鯰魚四處游動，引起沙丁魚緊張，沙丁魚拼命掙扎，結果抵達港口時還是活的。

無獨有偶，在日本的北海道盛產一種味道珍奇的鰻魚，海邊漁村的許多漁民都以捕撈鰻魚為生。鰻魚的生命非常脆弱，只要一離開深海區，要不了半天就會全部死亡。

奇怪的是，有一位老漁夫天天出海捕撈鰻魚，返回岸後，他的鰻魚總是活繃亂跳的。而其他幾家捕撈鰻魚的漁戶，無論如何處置捕撈到的鰻魚，回港後都全是死的。由於鮮活的鰻魚價格要比死亡的鰻魚幾乎貴出一倍，所以沒幾年功夫，老漁夫一家就成了富翁。

老漁夫在臨終之時，把祕訣透露出來。原來，老漁夫使鰻魚不死的秘訣，就是在整倉的鰻魚中，放進幾條叫狗魚的雜魚。鰻魚與狗魚非但不是同類，還是出名的死對頭。

幾條勢單力薄的狗魚遇到整倉的對手，便驚慌地在鰻魚堆裡四處亂竄，這樣一來，反而把死氣沉沉的鰻魚給全部激起生存的動力。

蹲太久就忘了跳

希特勒在他的自傳《我的奮鬥史》（*Mein Kampf*）中曾說過一段話，他說：「如果你想要一個國家強大，就要在他四周樹敵，否則民心會很煥散，必須讓他們長期處在恐懼的狀態下，隨時風聲鶴唳。」四周樹敵和放進狗魚的道理一樣，都是為了激起生存的動力。

美國康乃爾大學曾做過一個著名的煮青蛙的實驗。

他們把一隻青蛙，冷不防地丟進煮沸的油鍋裡，這隻反應靈敏的青蛙在千鈞一髮的生死關頭之際，突然用盡全力，一下子躍出了那個油鍋，安然逃生。

隔了半小時後，他們用同樣大小的鐵鍋，這一回在鍋子裡面放八分滿的冷水，然後再把剛剛那隻死裡逃生的青蛙放到鍋裡，這隻青蛙在鍋裡面悠游地來回游著。

接著，實驗人員悄悄在鍋底下用碳火慢慢加熱。青蛙不知究竟，還在水中享受著「三溫暖」，等到牠感覺到鍋裡的熱度已經讓牠受不了的時候，一切為時已晚。牠欲躍乏力，全身癱瘓，終致葬身於熱鍋當中。

命運法則：

蹲太久就忘了跳，太安逸往往就容易喪失鬥志。

蹲太久就忘了跳。人不也是一樣，太安逸往往就容易喪失鬥志。在富裕的國家自殺的人遠比貧窮的國家多出許多，身體健全的人也遠比殘障自殺更多。原因是貧窮和殘障的人隨時都面臨生存的問題，所以他們必須不斷地奮鬥，不斷地努力，反而激發出活力和生命力。

斯堪的那維亞人有句諺語：「北風造就了維京人。（註：第八世紀至第十世紀間，掠奪歐洲西海岸的斯堪的那維亞人，十分蛟勇善戰）。」

《第三者》（*The Third Man*）的作者葛哈瑪・格林（Graham Green）也評論道：「在義大利波加王朝統治的三十年中，有戰爭、恐怖、謀害、流血殺人事件—但是同時也出現了米開朗基羅、達文西與文藝復興運動。在瑞士，五百年來統治者勤政愛民，全國和平自由，但他們發展出什麼來？布穀鳥鐘而已。」

可見，堅困環境還是激發潛能所不可或缺的。

缺陷並沒有阻礙，反而讓他們更強

阻力造就生命力。就像是當我們在移動身體時，如果沒有任何阻力的話，也不會感覺到自己在移動，只有當空氣中有阻力時，我們才能感覺到身體的移動。阻力越大，感受越強；同理，生命的阻礙越多，生命力的呈現也愈強烈。

有一位叫阿費烈德的外科醫生在解剖屍體時，曾發現一個奇怪的現象：那些患病的器官並不如人們想像的那樣糟，在與疾病的抗爭中，為了抵禦病變，它們往往要比正常的器官具有更強的機能。

阿費烈德最早是從一位腎病患者的遺體中發現的，當他從死者的體內取出那顆患病的腎時，發現那顆腎要比正常的大；當他再去分析另一顆腎時，發現另一顆腎也大得超乎尋常。在多年的醫學解剖中，他不斷地發現包括心臟、肺等幾乎所有人體的器官都存在著類似的情況。

阿費烈德為此撰寫了一篇頗具影響力的論文，他認為患病器官因為和病毒打戰而使器官的功能不斷增強。假如有兩個相同的器官，當其中一個器官死亡後，另一個器官就會努力承擔起全部的責任，因而變得更加強壯起來。

就像金恩博士說的：「毀滅不了我的，只會使我更堅強。」像盲人聽覺、觸覺、嗅覺都比一般人靈敏；失去雙臂的人平衡感更強，雙腳更靈巧。其原因就在此。

在給藝術學院的學生治病時，阿費烈德也發現這種奇特現象，這些愛好藝術的學生的視力大不如人，有的甚至是色盲。他發覺這些情況非常普遍，於是把研究延伸到更為廣泛的層面。

在對藝術院校的調查研究過程中，結果與他的預測完全相同。一些頗有成就的教授之所以走上藝術道路，原來大都是受到生理缺陷的影響，缺陷並沒有阻礙他們，反而促使他們走上了藝術道路。

原來的那根線是不是變短了？

阿費烈德將這種現象稱為「跨欄定律」，即一個人成就大小，往往取決於他所遇到的困難程度。豎立在你面前的欄杆越高，你就跳得越高。

命運法則：

一個人成就大小，往往取決於他所遇到的困難程度。豎立在你面前的欄杆越高，你就跳得越高。

up and down
一棵根基堅強的大樹能夠抵擋狂風暴雨，
但大樹的根並不是狂風暴雨來臨時才長出來的。

這故事你是否聽過⋯⋯有個老師走進教室，用粉筆在黑板上畫了一根線，然後

說：「誰能在不動這根線的基礎上，讓這根線變短一些？」

學生們冥思苦想，一個個都皺起了眉頭。

「既要把這根線變短，又不能動這根線，這怎麼可能？」

「除非上帝親自來，才可能把那根線變短！」調皮的傑克笑著說。

「不用上帝親自來，你們每個人都能夠做到！」

「我們都能做到？」孩子們有些納悶。

「是的，你們每個人都能做到！」說著，老師轉身用粉筆在黑板上畫了一條更

長的線，然後問學生：「現在看起來，原來的那根線是不是短了呢？」

「是啊！這真是有意思。」孩子們說。

「記住，讓別的線變短的方法，就是變長自己的線！」老師語重心長地說。

沒錯，不是去壓低欄杆，而是讓自己跳得更高。這就對了！只要你勇敢面對，坦然接受生命的挑戰，就能讓自己更上一層樓。

是威廉．福克納說的吧！「如果我要在痛苦和虛無之間做選擇，我會選擇痛苦。」尼采說得更直接：「我寧可當一個痛苦的人，也不要當快樂的豬。」

為什麼？因為他們非常清楚，所有的苦都不會白受，所有的路都不會白走，只要你接受試鍊，生命便會相應展現一番風華。

壓力不大，助力也不可能多大

十六世紀，日本最有名的幕府將軍德川家康。某天，一位元老大臣請教他：

「請問大君，您認為什麼樣的人才是最有能力的人？」

「一個有能力的人就像生活在九州灣的牡蠣。」

「大君明見。」這位元老大臣對幕府的回答非常滿意。

站在一旁的人都一臉疑惑，其中一個問道：

「請恕我們愚昧，我們實在無法理解這牡蠣的道理何在。」

大臣解釋道：「九州灣（Bay of Akashi）是我國所有海灣中最多暴風雨，最不平靜的海灣，強勁的海浪不斷沖刷灣內牡蠣的殼。因此我們都知道最好的貝殼都是生產自風浪最大的海灣，所以，最有能力的人也必定是經過風雨逆境不斷試鍊過的人。」

莊子說：「夫水之積也不厚，則其負大舟也無力。」壓力不大，助力也不可能多大。所以，逆境是需要的，想成功或許需要朋友，但要想非常成功，需要的是敵人。就像沙丁魚需要鯰魚才能存活一樣，我們也需要困頓讓自己更堅強、更有韌性。

聖奧古斯汀說：「不求負擔輕微，但求雙臂強健。」

尊敬每一個挫折，每一個挑戰或困難，因為它是為了強化你而存在；每個看似毀滅中都隱含一種力量，能將你提升更高境地，我將它稱之為超越（transcendence）。

命運若安排一個敵人給你，是為了讓你超越自己；命運若安排一個困境給你，是為了讓你更茁壯；命運讓你失去雙腿，是為了讓你「真正站起來」；命運讓你失去雙眼，是為了讓你「真正看見」；命運讓你迷失，是為了讓你「找到自己」。

維多．麥丘（Victor Mature）在電影《霸王別姬》裡的台詞：「感謝祢，上帝。感謝你奪走了我的視力，讓我得以真正看見。」

聾啞的教育家海倫・凱勒也說：「我感謝上帝，為了我的殘缺，為了克服殘缺，我找到自己，（以及我要做什麼）。」

一旦了解所有發生在我們身上的事，無非都是設計來成就我們，只要明白這一點，我們就海闊天空。

美國作家海明威說得好：「每個人在世界上都曾遭到挫折，勇敢的人反而在挫斷的地方堅強起來。」就如同銲接一樣，如果加以熔接的話，原本破裂的地方會變得最堅固。

所以，即使生命有如一塊廢鐵，那又怎麼樣？只要有心，廢鐵照樣可以冶煉成剛。

11 刀要石磨，人要事磨

受苦是一個機會，也是一個祝福，
因為如果沒有受苦就不可能成長。
沒有失色的過去，就不會有今天出色的你；
沒有困頓的遭遇，也不會造就出堅強的你。

在蛾子的世界裡，有一種蛾子名叫「帝王蛾」。體型很大，大約有成人的手掌大，蛾的幼虫時期是在一個洞口極其狹小的繭中度過的。

有個人在郊外發現了一顆帝王蛾的繭。出於好奇心，他把繭帶回家，希望能看到蛾破繭而出的樣子。

第二天，繭裂開一條小小的縫隙。他坐在繭旁邊，一連幾個小時，看著蛾痛苦掙扎，想從這個小洞裡鑽出來。不過牠好像沒有什麼進展，彷彿已經用盡力氣，卡在洞口，完全不動。

這人非常同情小蛾，決定幫助牠得到自由。他拿起剪刀，把繭上沒有裂開的部分剪開，蛾就輕鬆的爬出來了。但是這人發現，蛾的身體肥大，翅膀卻是小而皺。

這人繼續觀察，他希望蛾的翅膀能變大，然後張開，以支撐身體，身體則慢慢縮小。但是這些現象並未發生。這隻蛾一生只能帶著肥大的身驅與枯皺的翅膀爬行，一直飛不起來。

原來，大地創造萬物是如此地奧妙！那狹窄的繭洞正是幫助帝王蛾雙翅成長的關鍵，在牠奮力擠壓穿越的時刻，牠自身的血液才能順利地送到羽翼的組織中去，唯有其雙翅充滿血液，帝王蛾才能振翅飛翔！

對於蛾來說，繭是牠的命運，想要能自由與飛行就必須靠自己破繭而出。但是這個人不明白，他剝奪了讓蛾成長的機會。

愛反成了礙

曾讀過一則報導，講述小馬剛生下來時，會使勁地支撐前肢，力圖站起來，但很快就倒下了。起來，倒下，又起來，一次又一次。這時，母馬走上前去，用鼻子對著濕漉漉的小馬噴出氣來。小馬嗅到母親的氣味，更加用力了，兩條後腿也支了起來。四條腿彎彎地叉開著，然後重重地摔倒。這樣反覆了幾次，小馬終於站住了，並向媽媽那裡走出幾步，接著又是摔倒。

而那母馬看到小馬向牠走去時，不是迎接，卻是向後退步，小馬貼近一步，它就後退一步；小馬倒下了，牠又前進一步。有人見母馬故意折騰小馬，讓這小生命遭折磨，就想過去攙扶一把。養馬人卻攔住了他，並說，「一扶就糟了。」一扶，這馬就成不了好馬，一輩子都毀了！

命運法則：

沒有人能給予小馬堅強的雙腿，也沒有人能給帝王蛾一雙奮飛的翅膀，人的成長過程不也如此？沒有人可以代勞，你必須靠自己。

沒有人能給予小馬堅強的雙腿，也沒有人能給帝王蛾一雙奮飛的翅膀，人的成長過程不也如此？沒有人可以代勞，你必須靠自己。我發現現在父母普遍都太溺愛子女，殊不知當你幫孩子越多，他學習的機會就越少，「愛」反成了「礙」，甚至足以害之。

沒得到教訓又如何學到經驗？

有位船長有著一流的駕船技術，他曾駕著一艘簡陋的帆船在颱風肆虐的大海中漂泊了半個月，最終死裡逃生。後來，他有一艘機輪船，又多次駕駛著它行程幾千哩，漁民們都稱他為「船王」。

船王有一個兒子，是他唯一的繼承人。船王對兒子的期望很高，希望兒子能傳承他的技術，開好他置下的這條船。船王的兒子對駕駛技術學得也很用心，到了成年，他駕駛機輪船的知識已十分豐富。船長便很放心地讓他一個人出海。可是，他的兒子卻再也沒有回來。

他的兒子死於一次颱風，一次對於漁民來說微不足道的颱風。

船長十分傷心：我真不明白，我的駕駛技術這麼好，我的兒子怎麼會這麼差勁？從他懂事起我就教他如何駕船，從最基本教起，告訴他如何對付海中的暗流，如何識別颱風前兆，又如何採取應急措施。凡事我經年累積下來的經驗，都毫不保留地傳授給他了。沒想到，他竟在一個很淺的海域內喪生。

漁民們紛紛安慰他。可是，有位老人卻問：「你每件事都教了他嗎？」

「是的。為了讓他學會技術，我什麼都教。」

「他一直跟著你嗎？」老人又問。

「是的，我兒子從來沒離開過我。」

老人說：「這樣說來，你也有不對！」船長不解，老人說：「你的過錯已經很明顯了，你只教他技術，卻從未給他教訓。這樣只是紙上談兵，他並不能真正學到。」

沒得到教訓又如何學到經驗？

命運法則：在風平浪靜時可以培養才能，在波濤洶湧中形成個性。沒有風雨無情的吹打，磨不出堅強的性格。

俗話說：「刀要石磨，人要事磨。」沒有風雨無情的吹打，磨不出堅強的性格。

德國大文豪歌德也說：「在風平浪靜時可以培養才能，在波濤洶湧中形成個性。」如果你生命一直很平順，你怎麼提升；如果你一輩子都只有遇到美好的事，你又怎麼能成為一個堅強的人。

過得舒服就不會成長

假如你種一棵樹在盆景裡，每天小心翼翼的看護著，用很大的愛去澆水、施肥，但過了五年、十年甚至二十年，這樹還是長不大，為什麼？因為它的範圍就只能在盆景裡。

森林的樹木，之所以如此高聳壯大，並不是因為澆水，而是因為它根植在大地之上。

我聽說，在美國有個叫布斯的老醫生，他很喜歡種樹，他的家占地有二十英畝，而他一生的目標就是把這塊地變成森林。布斯醫生對種樹有他一套獨特的哲理。他深信：「過得舒服就不會成長。」

他從不給他的樹澆水。一次，鄰居有個年輕人好奇地問他為什麼？他說，給植物澆水會寵壞了它們，它們的後代會越來越軟弱，所以應該讓它們周圍的環境變得艱難一些，那些過於柔弱的樹苗要趁勢鋤掉。

命運法則：

經常澆水只會讓植物的根變淺，不澆水的樹根會向深處生長，自己尋找深處的水份。

他繼續解釋說，經常澆水只會讓植物的根變淺，不澆水的樹的根會向深處生長，自己尋找深處的水份。

所以布斯醫生從不給他的樹澆水，而且總是拿一張捲起來的報紙去打它。「劈」、「啪」！他說這樣可以強化樹木。

年輕人離開家去讀書，幾年後，布斯醫生便去世了。現在年輕人還偶而會經過他的房子，看看他二十五年前種下的樹。這些樹，現在跟花崗岩一般強壯堅硬，蔥鬱碩大。

年輕人也種了一些樹。他細心呵護，整個夏天都殷勤地給它們澆水。可是幾年下來，還是柔弱不堪，一副若不禁風的樣子。

如果鐵不願接受，就無法煉成鋼

一棵根基堅強的大樹能夠抵擋狂風暴雨，但大樹的根並不是狂風暴雨來臨時才長出來的。

引自莎翁在《莎士比亞》的名言：「一個人的經驗是要在刻苦中得到的，也只有歲月的磨練才能夠使它成熟。」就像鋼鐵，如果鐵要變得很堅硬就必須經過火燒。如果鐵不願接受，那麼它就無法煉成鋼。

我認識一位朋友，他從小在北卡羅來納州長大，有一回他跟我說起了一個有關他祖父的故事。在他小時候，他的祖父在當地是非常著名的馬車製造師父，許多人都指定要他製作馬車。他的祖父有一個很奇特的習慣，每次在清理做為耕種的土地時，總會在田野的中央種下幾株橡樹。

他很好奇便問：「為什麼不種到森林裡，或直接到林中砍伐？」

祖父告訴他說：「不，在森林中的樹木，有良好的庇蔭，這樣無法製造出最堅固的馬車車輪。」

原來，橡樹必須經歷百般，在烈日下暴曬，才能承受最沉重的負荷。

成為美麗的蝴蝶

受苦是一個機會，也是一個祝福，因為如果沒有受苦就不可能成長。沒有失色的過去，就不會有今天出色的你；沒有困頓的遭遇，也不會造就出堅強的你。

有一朵看似弱不禁風的小花，生長在一棵高聳的大松樹下。

小花非常慶幸有大松樹成為她的保護，為它擋風擋雨，每天可以高枕無憂。

有一天，突然來了一群伐木工人，兩三下的功夫，就把大樹整個鋸了下來。

小花非常傷心，痛哭道：「天啊！我所有的保護都失去了；從此那些囂張的狂風會把我吹倒，滂沱的大雨會把我打倒！」

遠處的另一棵樹安慰她說：

「不要這麼想，剛好相反，少了大樹的阻擋，陽光會照耀妳、甘霖會滋潤妳；

妳弱小的身軀將長得更茁壯，妳盛開的花瓣將一一呈現在燦爛的日光下。人們會看到妳，並且稱讚妳說，這朵可愛的小花長得真美麗啊！」

培根曾說過：「一切幸福，並非都沒有煩惱；一切逆境，也絕非都沒有希望。」當失去了一些以為可以長久依靠的東西，自然會有難過及割捨的痛苦，但其中卻隱藏著無限的祝福和機會。

命運法則：

受苦是一個機會，也是一個祝福，因為如果沒有受苦就不可能成長。沒有失色的過去，就不會有今天出色的你；沒有困頓的遭遇，也不會造就出堅強的你。

詩人華滋華斯也說：「深刻的痛苦教化了我的靈魂。」

沒錯，所有事件的發生，無論多麼痛苦、艱難，都只有一個目的，那就是賜予你力量。就像毛毛蟲在蛻變成蝴蝶之前，必須靠自己突破封閉的繭。然後等牠破繭而出，就成了展翅飛舞的蝴蝶。

法國詩哲阿波里納芮（Apollinaire）曾寫過一段智慧之言：「到邊緣來」。

「到邊緣來。」

「我們不能，我們害怕。」

「到邊緣來。」

「我們不能，我們會掉下去。」

「到邊緣來。」於是他們來了，然後他推了他們一把，他們卻飛了起來。

命運的所有安排就是要來推你，就好像一隻母鳥在推一隻小鳥。一隻新生的鳥兒從來沒有張開牠的翅膀在空中飛翔，很自然地，牠會懷疑、會害怕。

牠原本生活在溫暖而舒適的巢裡，很安全，很有保障，母親一直都照顧得好好的，現在牠必須學習飛翔。有一天，她必須推牠，當牠被推出那個巢，剛開始的時候，小鳥會氣憤，會覺得悲傷，牠差點就掉到地面上，但是在牠要掉到地面之前，牠的翅膀張開了，然後整個天空都是牠的。

原害怕會摔下去，沒想到竟飛了起來，誰又會知道呢？

12 神為什麼不讓我們「心想事成」？

如果上帝讓我身上的病一下子全都好了，確是一個很大的「神蹟」，但想一想，如果上帝讓一個人在這麼大的病痛中，都還能喜樂地過生活，開心地到處傳道，這，豈不是一個更大的神蹟嗎？

人們常問：「我的命為什麼那麼苦？為什麼是我？」這幾乎是身陷悲苦的人的共同疑問，如果生命那麼苦，它的目的是什麼？如果有一個神，祂為什麼不把這些苦難都消除？為什麼祂不幫我們把問題解決？為什麼祂不安排好事降臨？

在回答這些問題之前，我想先跟大家說個笑話：

有位老師告訴全班同學：「現在，所有小朋友把你們的作文簿和鉛筆拿出來。我們今天的作文題目是：假如我有一百萬元。」

所有的小朋友開始認真的在寫，只有小華還是繼續坐在椅子上，望著窗外的操場在發呆。

杜老師走上前問他：「小華，每個人都快要完成了，怎麼你還不趕快加緊努力？」

小華：「努力？有了一百萬我還需要努力嗎？」

有了一百萬就不必努力，這就是答案。如果神把什麼都給你，那你還須要努力嗎？

如果神讓每個人都「心想事成」，如果祂給你一切，你的自由選擇何在呢？如果祂有求必應，什麼都給你，你又如何去創造出自己的價值？

如果凡事都「心想事成」

有一則流傳久遠的故事……有一個國王擁有無數的土地，也有滿屋子的金銀財寶，可是他仍然覺得不夠、不滿足，所以悶悶不樂。

一天，有個「金仙子」出現問國王說：「國王陛下，您覺得到底要怎麼樣，才會快樂呢？」

國王想了想說：「我要有一隻金手指，只要我的金手指隨便一碰觸，甚麼東西都可以變成金子，那我就會很快樂。」

「真的嗎？您真的想要一個金手指嗎？您要不要考慮一下？」金仙子問道。

「不用考慮了，這是我一生中最大夢想，只要有金手指我的夢想就能實現，我就會很快樂！」國王說。

於是，金仙子就把國王的右手變成一隻金手指國王只要隨意一指桌子、椅子、盤子、牆壁……凡是他碰觸過的東西都變成「金製」的物品，哇！真是太棒、太高興了！

這時，國王跑到花園聞到陣陣花香，就順手摘朵花來聞賞可是，手一碰到花朵，花朵立刻變成金花，不再有香味！

國王又走到餐廳，聞到滿漢全席的大餐，就口水欲滴地想飽餐一頓可是當他拿起盤中雞腿時，雞腿瞬間變成金雞腿！

正當國王垂頭喪氣時，他最疼愛的小女兒跑了進來，國王很高興的抱起這可愛的小女兒可是，剎那間她也變成金女孩……

「混帳，這是什麼金手指，居然把我的女兒都變成金人」

國王大聲怒吼：「來人啦，去把那『金仙子』給我抓回來！」

可是國王再怎麼找還是找不到金仙子而他又饑、又渴、又失去心愛的小女兒。

國王非常痛苦「金手指、點金術」變成揮之不去的夢魘。

命運法則：

如果神讓每個人都「心想事成」，如果祂給你一切，你的自由選擇何在呢？如果祂有求必應，什麼都給你，你又如何去創造出自己的價值？

希臘哲人柏拉圖曾說過一句話：「對一個小孩最殘酷的待遇，就是讓他『心想事成』。」其實對大人何嘗不是一樣，如果凡事都「心想事成」那還需要什麼「理想」和「夢想」？如果沒有理想和夢想，那生命又有什麼價值？

得來不易必不懂得珍惜

輕易得到的東西，多半是廉價的。如果你只是在路上就可撿到鑽石，那就沒有什麼價值；如果大鑽石就像小石頭，到處都有，那你還會那麼珍惜嗎？

有一位很有錢的富翁。他什麼都不欠缺，日子過得很舒服快樂，但他卻有一個煩惱。他唯一的兒子不但十分懶惰，而且還非常浪費。富翁心想雖然現在還有很多財產，但萬一自己死了，將遺產交給兒子的話，不用多久，家產就會被他敗光了。

苦悶不已的富翁把兒子叫過來說：

「只要你用自己的本事賺到三十萬元，我就把所有的財產交給你。」

於是兒子很高興地出去，沒多久便帶回了三十萬元回家。事實上，這些錢是他向母親要來的。

從兒子手上接過這些錢的富翁，突然將錢全部丟進熱的火爐中。

「這不是你自己賺來的錢。」

於是兒子又跑去跟母親要錢，然後再次將要來的錢交給父親，而父親又再次將錢全部丟進火爐。後來他向親戚借來的、向朋友借來的錢也全是同樣下場。

兒子沒辦法只好跑到工地去工作，好不容易終於存了三十萬元。他十分自豪地將這筆錢交給父親，沒想到父親依然將錢全數扔進火爐裡。大吃一驚的兒子，急忙將錢從火爐裡拿出來，他一邊哭一邊說：

「爸爸，你太過份了，你知道我為了賺這些錢吃了多少苦嗎？」

富翁這才終於露出笑容，說道：

「這個才是你真正用汗水和勞力去賺來的錢啊！」

美國開國初期政治思想家潘恩（Thomas Paine）說得對：「得之太易必不懂得珍惜。唯有付出代價東西才有價值。上蒼深知如何為其產品訂定合理的價格。」

神知道做什麼是對你最好的，祂會照著對你有幫助的去做，而不是照著你的想法去做，如果神答應你每個願望，你就不會上進，祂可不希望把你給寵壞。

不管你想要什麼，那都是必須付出代價的。

那就是為什麼生命是艱苦的

這是一則非常古老的寓言……

有一個村莊連年欠收，老農夫向神抱怨，他說：「怎麼回事？祢是神，祢可以創造世界，但為什麼祢卻無法讓世間風調與順，讓我們大豐收？」

神說：「你有什麼建議？」

農夫說：「這樣吧！祢給我神力，讓我來主導一切，我想一定會大不同。」

神很樂意，就賦予農夫神力。很自然地，他一切都安排最好的—沒有烈日、豪雨、強風，沒有會殃及作物的危險，風調雨順，他覺得很滿意，一切都進行的非常順利。

眼看麥子都長得很茂盛……農夫對神說：「祢看！這一次的作物一定會大豐收，即使人們幾年不工作，也會有足夠的糧食可以吃！」

不久，當作物要收成的時候，卻發現裡面沒有麥子，農夫非常驚訝，他問神說：「這到底是怎麼回事？」

神說：「因為沒有挑戰、沒有考驗，內在是空洞的，內在是無法結出豐厚麥子」。

命運法則：

沒有烏雲，沒有暴風雨，便沒有美麗的彩虹。

沒有挑戰、沒有了考驗，便沒有豐碩的果實。

沒有烏雲，沒有暴風雨，便沒有美麗的彩虹。沒有挑戰、沒有考驗，便沒有豐碩的果實。那就是為什麼生命是艱苦的，為什麼會上天會賜予我們考驗和難題。

神並沒有讓我們「心想事成」，祂知道生命的意義是什麼，所以祂賜予我們命運，又賜予我們自由意志，祂讓我們有自由來決定如何面對生命，讓我們有機會來選擇人生的道路。

所以，不要問：「我的命為什麼那麼苦？為什麼是我？」人沒有權利來質問命運，反過來你自己才是命運所詢問的對象，你必須以對自己命運的負責態度來回答生命的提問。

生命把問題呈現給人們，人必須藉著對生命負責的態度，藉著命運的挑戰來驗證生命的價值，以及回答生命的發問。

這，豈不是一個更大的神蹟嗎？

有一位牧師，是一名殘障人士，但他的滿腔熱忱並沒有被病魔所澆熄，仍然很有愛心地到處講道、寫作。

有一次，一個無神論者在大庭廣眾之下問他：「牧師，如果你所傳講的上帝真像你所說的那樣地無所不能，請問為什麼祂不能施轉神蹟，讓你就此擺脫天生的殘疾呢？這不是很矛盾嗎？」

眾人有的訝異，有的不知所措地看著那位殘障的牧師，不知道他會如何回應這個尖銳的問題。

牧師笑了一笑，說：「朋友啊，的確，如果上帝讓我身上的病一下子全都好了，確是一個很大的『神蹟』，但想一想，如果上帝讓一個人在這麼大的病痛中，都還能喜樂地過生活，開心地到處傳道，這，豈不是一個更大的神蹟嗎？」

說得好！最後讓我以下面這段話，作為本章的結語。

「我相信，完全的幸福從來就不是神打算給祂在這世上的造物的命運，」美國前總統傑佛遜說，「不過，我堅定地相信，祂是希望讓我們發揮力量去達到那種境地。」

幸福是神希望讓我們轉化命運去達到的境地。我也相信。

當河流在流動，並不是為了把你沖走。相反地，河流是為了強化你的雙腿。

當狂風在吹動，並不是為了把你吹倒。相反地，狂風是為了讓你扎得更深。

所以，不要把困境視為一種不幸，不要覺得有什麼不對，命運從來不會有什麼不對，一切都是給你成長的機會。

不論你的命運如何，不論多糟的事情發生，告訴自己：「這就是我需要的。」它看起來也許痛苦難受，但你要把它視為是一個機會和挑戰，勇敢的迎向它。

如果你必須經歷黑暗，那麼就去經驗，但要快樂地、積極地活在黑暗裡，為什麼要顯得悲慘的樣子，如果黑暗是安排好的，它是你的命運，它是為了讓你成長，為什麼不歡舞地接受。

作家約翰生說：「與困難搏鬥，並且征服困境，是幸福的最高形式。」是的，會很艱辛，但透過這痛苦就會有很大的轉變出現；是的，會有煎熬，但幸福會由此煎熬而生。不要懷疑，當苦盡甘來，你就會明白，你就會感激，所有命運安排的都是為了幫助你。

13 一切都是最好的安排

不論上天怎麼安排，我都欣然接受，

我深信，每一件會發生在我身上的經歷和事件，

都將指向一個更加廣大、完美的計劃，遠非我一時片刻所能想像。

上天會讓某件事發生在你的身上，必定有祂的美意，而那個美意一定是「為了你好」。你之所以會覺得不好，那是因為你並不了解上天的整個計畫，也無法以較長的視野來看眼前發生的事，所以才會去質疑——上天為什麼讓我失敗？讓我受苦？讓我破產？讓我殘障？為什麼？這難道是為了我好？

命運法則：

你一生中發生的每一件事，都是屬於一個偉大的計畫。這計畫所安排的一切，就是為了要讓你成為最好的自己。

在日本，有一個小女孩非常地自卑，因為她的聲音很難聽，很奇怪，天生沙啞，甚至怪到沒有人願意跟她做朋友，還常嘲笑她。她因此非常難過，覺得自己是個失敗品，上天對她太不公平了！

後來，她當了舞台劇的演員，才稍稍找回了點自尊。很巧地，當時日本有個漫畫家叫藤子不二雄，他的漫畫小叮噹（哆啦A夢）非常受到歡迎，正準備將之拍成卡通片。偶然間，他聽到了那女孩的聲音，便找了她來試音，她好訝異！居然有人看上她那引以為恥的聲音？

這個女孩是誰？她，就是現在卡通片中那隻機器貓－小叮噹日語版的配音員！她那曾經讓她自卑不已，讓她交不到朋友的「怪音」，居然隨著該部卡通傳到世界各地，成為許多小朋友們爭相模仿的「美音」。過去她所埋怨的，竟成為今日她所引以為榮的，總之，她再也不覺得自己是個失敗的作品。

那不是詛咒，而是祝福

在美國也讀過類似的故事。有個叫做愛麗絲的小女孩，她非常羨慕媽媽有一雙藍眼睛，卻埋怨自己的黑眼珠。

媽媽告訴她：「無論上帝安排一個人有怎麼樣的外型，一定有祂美好的旨意，你不用煩惱的。上帝的創造都是最好的，總有一天，妳將會發現黑眼珠對妳一定有很大的幫助。」

愛麗絲長大後，成為一個基督教的宣教士。她自願去印度宣教。

目前在印度各地，擁有印度教、佛教、耆那教、錫克教、伊斯蘭教及基督教等各種宗教，都已有各自的發展。但當年的印度，卻曾經是一個相當封閉的國家，禁止基督教信仰的傳播行為，所以很多基督教的宣教士都被驅逐出境。

當地有個習俗，就是所有的女子都必須蒙著頭部。然而，作為一個基督教的宣教士，當愛麗絲蒙著頭只露出一對黑色的眼珠時，卻沒有人可以認出她是白人，所以她在印度傳播福音，倒是通行無阻，沒人干涉她的自由。

於是，她終於領悟媽媽當年所說的話。沒錯，上天的安排都是最好的。

命運法則：
命運對許多人而言也許看起來像是一種詛咒，但它從來不是一個詛咒，它永遠都是祝福。

命運對許多人而言也許看起來像是一種詛咒，但它從來不是一個詛咒，它永遠都是祝福。它們之所以看起來像是詛咒，那是因為我們的視野短淺，就像從鑰匙孔來看世界，我們了解有限，我們無法看到整體，我們只看到眼前，我們無法看到未來。所以那個疑問才會不斷升起，否則我們會覺得感激，會樂於接受。

沒有什麼遭遇是不好的

《龐城末日》這本描寫公元七十九年，意大利古城龐貝因地震埋入地下的小說，記有一個賣花的盲女孩倪娣雅的故事。她雖雙目失明，並不自怨自艾，也沒有垂頭喪氣把自己關在家裡。她學著跟常人一樣生活，一樣工作，自食其力。

不久，維斯維沙大火山爆發，龐貝城面臨末日。這座古城籠罩在濃煙與落塵下，昏暗如無星的午夜，黑漆一片。驚慌失措的居民衝來衝去，摸不到出路。但是倪娣雅卻因為本來就看不見，她的不幸竟成了她的大幸。

她靠著觸覺與聽覺，不但找到生路，還把她的親人搭救出來。

我想起作家梅樂．雪恩（Merle Shain）說過的一句話，她說：「大多數的人總會為了某人或某事而傷心落淚，如果我們當時便能清楚狀況，我們反而慶幸自己的好運。」可不是嗎？

以電影「美麗人生」獲得奧斯卡最佳男主角的羅貝多．貝里尼，在上台領獎致詞時說，「我感謝我的父母，他們給我最好的禮物是貧窮。」

聾啞的教育家海倫．凱勒也說：「我感謝上帝，為了我的殘缺，為了克服殘缺，我找到自己，以及我要做什麼。」

所以，厄運並沒有什麼不好，不好的是我們看待它的方式。如果你能拉長時間去看，如果你能提高視野去看，沒有什麼遭遇是不好的，一切都是好的。殘障是好的，災難是好的，貧困是好的，破產也是好的……

命運之神啊，真是謝謝您！

希臘哲學家季諾，經常在雅典的市場裡講授他的哲學。

開始時有點玩票性質，因為他有一艘貨船，貨船的收入使他衣食無缺，也使他反而更像個生意人。

有一天，他的貨船在暴風雨中沉沒了。當不幸的消息傳來時，在市場講授哲學的季諾竟鬆了一口氣。

「命運之神啊，真是謝謝您！託您的福，今後我只能以哲學為職志，也只能靠此維生，別無他法。」

季諾說：「您令我毫不猶疑地下定決心，真讓我萬分感激。」

只剩哲學一途的季諾，後來成為著名的斯多葛哲學派的創始人。

就如同猶太法典所說的：「上天所做的任何事，都是為了最好的結果。」

或許，上天的計畫並不完全美好，其中也有疑雲滿天，難以理解的時候，但是只要有信心，你將發現一切都是為了最好的結果。

活到這個年紀，如果真要說學到什麼，那就是學到對人生的境遇有信心。不論上天怎麼安排，我都欣然接受，我深信，每一件會發生在我身上的經歷和事件，都將指向一個更加廣大、完美的計劃，遠非我一時片刻所能想像。

就像污泥對蓮花而言，並不是詛咒，而是祝福：像繭對蝴蝶而言，並不是阻力，而是助力。是的，每一個困難和障礙，事實上都是一種隱藏的祝福，都是上天美意。

你一生中發生的每一件事，都是屬於一個偉大的計畫。這計畫所安排的一切，就是為了要讓你成為最好的自己。

所以，你所遭遇的一切，沒有什麼事情是不好的，一切都是好的──好事和壞事，幸運和厄運，幸福與不幸，成功與失敗……到了最後，你會發覺，所有安排都是「為了你好」，所有遭遇都對你有幫助。

我說每一件事：甚至你生的那場大病，甚至連那個都有幫助；甚至連你所愛的人離你而去，甚至連你事業失敗而破產，是的，甚至連那個都有幫助，每一件事都有幫助。

多數人在生命的盡頭回顧一生，都不後悔曾經有過的壞經驗，因為每一段經歷都讓他們從中學到點什麼。你所經歷的一切，走過的每一場風暴，都為了塑造出更好的你。你必須有足夠的耐心，等待它開花，然後你的信心就會產生，你就會開始相信，汙泥也會長出脫俗的蓮花。

14 愛你的命運

人生沒有真正的失敗，只有結果；
世上沒有真正的悲劇，只有教訓。
命運並不是難題，而是提供你機會，
讓你找到人生答案的習題，等你去解開它。

如果你已經知道，發生在你生命中的每一件事，所有命運的安排，都是為了你好，你會有什麼態度？你還會如此抗拒嗎？

如果你已經了解，在你生命中的每一個詛咒和災難，實際上都隱藏祝福和契機，你會有什麼感覺？你還會怨天尤人、憤世嫉俗世嗎？

如果你已經明白，發生在你生命中的每一個問題，都是屬於一個偉大的計畫，你會有什麼作為？你還會一再質疑嗎？如果你知道，在苦難之後，會有美好禮物，你還會問為什麼嗎？

現在，你可以離開了！

有一個年輕人好不容易得到一份工作，被派到一個海上油田鑽井隊。首次在海上作業時，領班要求他在限定的時間內，登上幾十公尺高的鑽油臺上，將一個包裝盒子，交給最頂層的一名主管。

他小心翼翼地拿著盒子，快步登上狹窄的階梯，將盒子交給主管。主管看也不看只是在盒子上簽了個名，然後又叫他馬上送回去。他只好又快步地跑下階梯，將盒子交給領班，領班同樣也在盒子上面簽了個名，又叫他送上去交給主管。他狐疑地看了領班一眼，但還是依照指示送上去。

第二次爬到頂層的他已經氣喘如牛，主管仍舊默不作聲地在盒子上簽了個名，示意要他再送下去。他心中開始有些不悅，無奈地轉身拿起盒子送下去。他再度將盒子交給領班，領班依舊簽了名後又讓他再上去一趟，此時他已經有些發火，他瞪著領班強忍住不發作，抓起盒子生氣地往上爬。到達頂層時他已經全身濕透了。他將盒子遞給主管，主管頭也不抬地說：「將盒子打開吧！」此時他再也忍不住滿腔怒火，重重地將盒子摔到地上，然後大聲地吼道：「老子不幹了！」

這時主管從位子上站了起來，打開盒子拿出香檳嘆了口氣對他說：「剛才你所做的一切，叫做極限考驗，因為我們在海上作業，隨時可能會遇到突發的狀況和危險，因此每一位隊員必須具備極強的體力和配合度，來面對各種考驗。好不容易前兩次你都順利過關，只差最後一步就可以通過測試了，實在很可惜！看來你是無法享受到自己辛苦帶上來的香檳了，現在，你可以離開了！」

原來這一切都是為了考驗。

機緣與奇蹟於焉發生

西方有句諺語：「God tries you with a little, to see what you'd with a lot.」上帝用小事來考驗你，看你是否能擔重任。

人習慣向上天抱怨自己命不好，機運不佳，那是不對的，事實上你的命運就是你的機會。如果你用較大的視角來看，你將了解現在發生在你身上的事，是為你將承擔更多做準備的。除非你排斥或刻意躲開，否則命運總會給你機會，給你一份意外的禮物。

上天所賜予的禮物，通常都會用「苦難」來做包裝。外表往往讓人難以接受，但等打開包裝，就可以體會上天的美意。每一個逆境和災難都包含一個等值或更大價值的禮物。

命運法則：

現在發生在你身上的事，是為你將承擔更多做準備的。每一個逆境都包含一個等值或更大價值的禮物。

你可以回想一下自己曾經經歷過劇變的時日，那些充滿著混亂和痛苦的日子。可能是一位心愛的人的死亡、一段關係的結束、破產或失業、一樁意外或疾病等，但最後卻帶給你的生命智慧、覺知或新契機。如果你看一看你周遭人的命運，你也可以看見相同模式。凡令人痛苦的事總教人成長。當我們面對以及致力於改變的同時，我們生命的觀點勢必有所轉變。而當我們克服了苦難，深具意義的機緣與奇蹟於焉發生。

沒錯，條件累積到某種程度，「機會」就會跑出來。如果你願意承擔重任，那麼更好的機會也就隨之而來。

不管你給我什麼，我都接受

問題不是問題，問題都只是計畫的一部分。所以，我希望大家從現在起，能將「問題」（problem）這個字換成「計畫」（project）。問題是不好的遭遇，而計畫則成了好的安排。開始以不同的視野，以造物者的眼光看待人生，我想如此就能夠坦然接受命運的安排。

雖然問題一樣存在，但你不再覺得那是個折磨，你知道那是老天的計畫。就像女人生產時的痛苦，你知道痛苦所帶來的是歡欣的結果。你不再抗拒，反過來你還會主動去接受。

這接受是一種「意願」，而不是出於無助，那是有差別的。有人相信命運，他們說：「我能夠做什麼呢？既然上天這麼安排，而這是我的命運，我能改變什麼？」你是出於無助，在內心深處你是抗拒的，這種態度並不是接受，是無奈，是無能。

接受的態度並不這樣，接受是了解，是以歡迎的態度來接受，告訴命運：「不管你給我什麼，我都接受。我會盡力用最佳的方式來面對。」而不是在無助當中忍受。

換句話說，人們的痛苦完全出自於「無明」，有了自知之明，即能了斷痛苦。

只要能由痛苦中看到意義，一個人就願意承擔任何痛苦。

這種情況跟運動員的訓練有點像。一個運動員在接受集訓時，要拉筋、鍛練等等，非常辛苦，但是運動員並不會認為這是苦差事，反而認為那是一種提升自己的機會。就像達賴喇嘛說的：「當我們思想改變，肉體上對痛苦的感覺也會改變。」

命運法則：

只要能由痛苦中看到意義，一個人就願意承擔任何痛苦。

如果你知道，那負擔其實是一份祝福，是一份禮物，你還會抗拒嗎？不，一旦事情深層的意義被了解，你就會豁然開朗，你就會感激。

感謝上帝！

這種感恩即是所謂「認知再造」的奇妙過程。當我們用一種新脈絡去看事物時，我們會對原先可能詛咒的事物變得感謝。

「感謝上帝！」泰瑞莎修女說：「我知道上帝不會把我做不了的事情交給我，我真希望祂不是那樣信任我。」

「感謝上天賜予我那麼重的負擔，」作家拉比．艾力亞薩爾說得明白：「如果有一個人，擁有一頭強牛與一頭弱牛。那麼它會讓那頭牛拉犁呢？當然是強牛。所以，神總是給有能力的人背負更重的負擔。」

從這個基點，我們也就很容易可以理解，為什麼美國著名作家皮爾博士會這麼說，他說：他自己若是好一陣子沒碰到問題，便會仰天長問：「上帝，祢不再愛我了嗎？祢為什麼不再給我一些挑戰和挫折呢？」

我們應該心存感激，不光只對喜樂的事，對苦痛也一樣，因為有了那些悲苦，你才能成長、成熟，因為有那些負擔，你才能提升，你才能更上一層樓。

等你去解開它

蘇格拉底說：「未經考驗的生活，是虛度一生。」誕生需要撕裂肉體的痛苦，即使重生也不例外。那就是為什麼我說：命運即機會，如果你逃避命運，你只是虛度一生，你會有機會了解生命？你會有機會活出意義和價值嗎？

每個人生來就有他存在的意義，而活著的目的就是去發現它，透過命運，你將發現你為何而活。有了這個了解，你就可以承受任何的遭遇打擊。

只要活著就有機會，你可以自由選擇，即使殘肢斷背，眼瞎耳聾，即使落魄潦倒，一無所有，每個人仍然有選擇生命態度的自由，你仍然可以實現你的價值（態度價值與創造價值），機會一直都在。

人生沒有真正的失敗，只有結果；

世上沒有真正的悲劇，只有教訓。

命運並不是難題，而是提供你機會，讓你找到人生答案的習題。

等你去解開它。

生命之所以讓人成長，是因為它的不完美，所以才有成長；如果是完美的，它還需要成長嗎？成長只有在不完美存在的時候才有可能。

你的命運是不完美的，所以你可以不斷成長。去接受這個不完美，在這個不完美中創造完美，這便是命運的真諦，也是生命中最美好的事。

當然，剛開始我們將會在黑暗中摸索，但很快地，事情變得越來越清晰。如果你全然接受，如果你處在放開來的狀態，當烏雲散去陽光自然會展露微笑。

尼采（Nietzsche）說：「愛你的命運。」如果你能愛你的命運，我不認為生命有什麼真正的問題。我希望你能用新的視野看事情，將發生在你身上的事情當成神的禮物接受下來，感激神給你這份禮物，並且將它活出來！

新的高度帶來了新的視野，如果你爬得夠高，絕對可以看到不同的景色。

你將欣喜地見到：一切都是好事，真的，最終的結果都是美好的，即使過程並不完美。

〈後記〉

每個人都在寫自己的故事

我喜歡閱讀傳記和故事，早在小學即開始。《汪洋中的一條船》鄭豐喜的故事算是個啟蒙，他不畏殘疾，奮鬥精神和感人事蹟，從小影響了我對命運的觀點。

《邊城英雄傳》（*Alamo*）中大衛．克洛基的英雄形象也曾深深吸引我，他拒絕將堡壘（阿拉摩城）獻給敵人，奮戰到底，更加深了我對勇者的嚮往。

荷馬史詩《伊利亞特》，浮士德、奧底修斯、居禮夫人、帕西法爾和唐吉訶德，故事中他們通過危機、混亂，雖陷入絕望和黑暗，然而他們從未放棄生命所追尋的，直到達到目標為止，那種堅持和勇氣也鼓舞和激勵著我。

再來像庫克、麥哲倫、哥倫布、馬可波羅，路易斯與克拉克，這些響叮噹的英雄人物，他們冒險犯難，經歷了層層嚴厲的考驗，最後終於脫胎換骨，成為一個堅強、睿智、勇敢、自信的英雄。更加引發內心那種成為英雄的渴望和懷想。

在世界上不同角落流傳著不同的英雄故事，而所有的文化也都崇敬這些表現至勇精神的人，因為英雄一路上遇到各種試煉和險阻，使得故事更富趣味，最後不僅自我得到救贖，也拯救了大家；不但超越命運，最後還徹底改變個人的生命史，那即是故事最打動人心的部分。

其實我們每個人都構築著自己的生命史，是的，每個人都在寫自己的故事，命運只是你創作的背景和舞台，至於要怎麼演出，則是看你自己。你可以成為勇者，也可以成為弱者；你可以把喜劇變悲劇，也可以把悲劇變喜劇；你可以從磨難中成

長向上，也可以向下沉淪……你既是作者，也是書中的主角，每個人都有機會改變故事的情節，甚至決定整個故事的結局。

當然，如果你希望內容精彩，有可看性，就必須安排更多的考驗的，這種情況就好比是一位真正的運動員，他會在練習賽程中，刻意安排一些障礙困難來考驗及強化自己。命運愈是嚴峻考驗個體，生命故事就愈引人入勝。而故事的價值，即在呈現人們不畏艱困的生命態度，甚至扭轉乾坤成為英雄的理想。

你想讓自己成為英雄嗎？著名的神話學大師喬瑟夫．坎伯（Joseph Campbell）說過：「生活中的每個經驗都可以看成是英雄的旅程。」

既是英雄之旅，在態度與行動上，接受與承擔生命中的挑戰、困境、挫折甚或苦難，都是起碼的事！否則又如何配稱英雄呢？就像德國名劇作家布雷赫特說：「不快樂的土地，才需要英雄。」我們正需要這樣的功課來試煉自己的心靈，命運是最根本的測試平台，唯有透過自然力量的測試，心靈力量才得以張顯。

我建議大家，把命運當做機會，重新掀開新的一頁來寫自己的傳記故事。即使你現在正陷入絕境，也沒關係，因為那並不就此決定你的命運，反而，正好給一個可自由去塑造命運的起點。你可以當作自己像是翻開新的章回一樣來對待自己現階段的生活，如果你有權決定下一章內容，你會希望內容如何，你會期待怎樣的結局。

你的生命史在你離開人世前都還沒完成，你都有機會去給不同的結尾，你也隨時都可以回頭去修改其中的章節和內容。每次命運考驗都是一個機會，提供你更多彩的色料，去填補以及豐富你的生命。

造化弄人之時，也是蛻變啟程之日。英雄之旅就此展開——期待你能創造一個屬於自己的英雄故事。